KB175272

국제기업
재무전략

국제기업 재무전략

임태순 지음

하루가 다르게 경쟁이 심화되는 경영환경 속에서 국제기업인들은 기업가치의 극대화와 영속성이라는 숙명적인 목표를 가지고 지속적인 성장을 달성하기 위하여 최선의 노력을 경주하고 있다. 따라서 국제기업의 CEO와 CFO들은 '지속가능한 성장(sustainable growth)'을 실현하기 위하여 지속적인 노력을 경주해야만 한다는 대전제 안에서 치열한 경쟁과 시대적 요청을 받아들이며 어떻게 현명하게 대처할 것인가 하는 고민을 안고 살아갈 수밖에 없다.

경영학의 대가로 칭송받는 짐 콜린스는 그의 저서인『좋은 기업을 넘어 위대한 기업으로(Good to great)』에서, 기업들은 이제 과거에 생존을 하기 위하여 요구되었던 '강한(strong) 기업'과 '좋은(good) 기업'이란 차원을 넘어서 '위대한(great) 기업'으로 거듭나야 한다고 역설하였다. 하지만 최근 들어서는 '위대한 기업'도 복잡한 마음을 가진 소비자들을 만족시키기에는 어딘가 부족하다는 생각마저 든다. 소비자들은 이제 기업들이 위대한 기업을 넘어 '존경받는(admired) 기업'이 되어야 한다고 생각한다. 변화하는 환경 속에서 단지 과거의 승리에 안주하지 말고 '존경받는 기업'으로 거듭나야 한다는 주장은 기업들이 환경변화에 선제적으로 대응해야 한다는 것을 깊이 당부하고 있는 것 같아서 더욱 설득력 있게 가슴으로 다가온다.

'존경받는 기업'으로 발돋움하기 위한 전제조건과 시대적인 요청은 무엇일까? 지구촌이라는 좁은 세계(small world)로 바뀌어 가고 있는 환경은 시간과 공간적인 개념을 바꾸어가면서 점차 더 좁은 세계로 다가오고 있고, 글로벌 금융위기와 유럽의 재정위기를 통하여 국제기업의 재무전략의 중요성을 또다시 피부로 느끼지 않을 수 없게 되었다. 따라서 국제기업의 CEO와 CFO로서 국제기업의 재무전략도 변화하는 환경변화와 동일한 방향성을 가져야만 생존이 보장된다는 절박한 심정에서 이 책의 출간을 서두르게 되었다.

『로마제국쇠망사』를 쓴 저자인 에드워드 기번은 "바람과 파도는 항상 유능한 항해자의 편에 선다"라고 하는 의미 있는 말을 남겼다. 결국 변화라고 하는 환경변수는 문제의 본질이 아니며, 본질은 이러한 환경을 뛰어넘을 수 있는 유능한 항해자인 CEO와 CFO의 탄생이라는 생각에서 그들의 탄생을 바라는 심정으로 시작한 한 자 한자가 이어져 마침내 오늘 본서가 세상에 그 얼굴을 내밀 수 있게 된 것 같다.

본서는 국제기업의 재무전략에 대한 기초개념서로 총 4부 14장으로 나누어 국제기업의 재무전략에 관한 내용을 다루었다. 큰 틀에서는 국제기업의 재무환경과 국제기업의 재무분석의 내용으로 시작하여 국제기업의 재무시장과 최종목표인 국제기업의 재무전략에 이르는 순차적인 전개 형식을 취하였다.

제1부에서는 입문의 내용으로 국제기업의 재무환경에 대한 내용을 다루었다. 제2부에서는 국제기업의 재무분석에 대한 내용을 기술

하였다. 유동성, 생산성, 수익성, 그리고 성장성에 대한 분석과 아울러 기타분석에 대한 내용을 다루었다. 제3부는 국제기업의 재무시장에 대한 내용으로 국제기업의 특성상 접점에 있는 환율과 외환시장에 대한 내용이 중심을 이룬다. 세부적으로는 환율과 외환시장 그리고 국제 파생상품시장에 대해 논의하였다. 제4부는 본서의 핵심장이다. 국제기업의 재무전략은 어떻게 구사해야 하느냐는 문제에 대한 답으로 마련된 장이다. 주요 내용으로는 정치적 위험관리전략, 환위험관리전략, 헤징전략, 국제자금조달전략, 그리고 국제직접투자전략이 논의되며, 마지막 장인 제14장에서는 국제기업의 M&A전략에 대한 내용까지 다루었다.

본서를 준비하는 동안 새로운 내용을 보충하기 위하여 지속적으로 최신 내용을 보완하는 작업을 진행하였지만, 아직까지도 미진한 여백에 대해서는 계속 보완해나가야 할 과제로 남겨놓으며 아울러 독자들의 조언도 함께 당부드린다. 그리고 집필과정에서 선지식(善知識)인들이 주신 인용의 기회에 대해 깊이 감사드린다. 이러한 과정에서 이미 출간된 국제금융이나 글로벌금융에 관한 훌륭한 교재와 전문서적의 도움이 없었더라면 본서의 집필이 불가능했으리라 생각되기에 거듭 감사드린다.

본서의 특징을 요약하면 다음과 같다.

첫째, 국제기업의 재무전략에 대한 내용을 알기 쉽게 구성하였다. 깊이 있는 내용을 쉽게 설명하여 독자들의 이해를 도모하는 것이 먼저라고 생각하고 내용을 구성하였다. 따라서 미시적이고 세세한 내용을 중심으로 깊이 있게 집필하였다기보다는 국제기업의 재무전략이라는 거시적인 틀 속에서 쉽게 이해하고 전체에 대한 커다란 밑그림을 그릴 수 있도록 하였다. 따라서 독자들이 큰 밑그림 속에서 내용을 쉽게 이해하면서 자신의 지식을 차곡차곡 채워나갈 수 있으리라 믿는다.

둘째, 본서의 구성에서 주안점을 두고 구성한 부분이 국제기업의 재무담당자로서 현장에서 활용될 수 있는 실전적인 전략과 이를 뒷받침하는 토대인 이론적인 배경을 함께 습득하도록 구성하였다는 점이다. 따라서 독자들이 재무전략의 지식을 습득하고 습득된 이론을 바탕으로 전략을 구사하여 실무에 적용할 수 있도록 관련내용을 균형 있게 배분하였다. 또한 국제기업 재무전략의 이슈가 되고 있는 주요 화두들을 각 장의 본문이 시작하기에 앞서 [들어가기]를 넣어서 독자들이 재무전략의 방향성에 대한 흐름을 살필 수 있도록 하였다.

셋째, 현재라는 시간적인 제약 속에서 생활하는 독자들을 위해 긴 서술형의 문장을 가능한 한 지양하고 핵심을 중심으로 정리하는 방식으로 구성하였다. 따라서 국제기업의 재무전략에 대한 체계를 핵심 위주로 간략하게 정리하고 활용할 수 있을 것이다.

넷째, 매 장이 끝나는 부분에는 스스로 학습했던 내용을 최종 점검할 수 있도록 [요점정리]를 간략하게 제공하였고, 본문을 구성하는 데 참고했던 [참고문헌]을 제공하여 독자들이 참고한 서적을 통한 학습이 가능하게 해독자 스스로 학문의 영역을 넓힐 수 있도록 구성하였다.

이 책이 출간되기까지 많은 분들의 수고가 있었다. 먼저 본서의 출간을 허락해주신 한국학술정보(주) 채종준 대표이사님께 감사를 드린다. 아울러 이 책의 모든 진행 과정을 꼼꼼하게 점검하여 도움을 주신 조현수 팀장께도 감사를 드리며, 편집과 교정을 맡아 수고

해주신 편집부 여러분께도 감사를 드린다.

　마지막으로 내 삶의 방향성을 항상 유지할 수 있게 따뜻한 사랑과 변함없는 신뢰의 응원을 보내주는 우리 가족 모두에게도 깊은 감사를 전한다.

2014년 5월

泰晟園에서

저자 씀

목 차

부록

제1부

국제기업의 재무환경

- 제1장 환경변화와 국제금융센터
- 제2장 국제통화

[학습목표]

1. 금융환경 변화의 특징이 주는 의미를 살피는 시간을 갖는다.
2. 국제금융시장의 개관에 대해 학습하고 기능에 대해 살펴본다.
3. 국제금융센터란 무엇이며 어떤 구비조건을 갖춰야 하는가에 대해 논의한다.

제1장 환경변화와 국제금융센터

[들어가기]

日 개인투자자, 신흥시장 위험자산 투자 확대[1]

"일본에서 가장 매력 있는 신랑감은?"

일본 재무성은 얼마 전 이 같은 광고 카피를 내놓고 국채 판매를 선전해 화제를 모았다. 젊은 일본 여성 5명이 대화를 나누며 가장 매력 있는 신랑감으로 '국채 투자 전문가'를 선택하는 것이 광고의 주요 내용이다. 국채 투자는 그만큼 안정적이고 매력적인 재테크 수단이라는 의미다. 아이러니하게도 재무성이 이 같은 광고 카피까지 고안한 이유는 국채 투자에 대한 매력이 갈수록 떨어지고 있기 때문이다.

---

1) 출처: ≪매일경제신문≫, 2011년 2월 23일자 기사 내용

저금리로 일본 투자자들이 국외 위험자산
투자를 늘리고 있다.

일본의 개인투자자들이 주로 투자하는 국채 5년물의 연리는 0.4% 정도에 불과하다. 금융회사들이 주로 투자하는 10년 만기 국채의 이자율도 1%를 간신히 넘을 정도다. 제로금리 시대가 2년간 지속되며 마땅한 투자상품이 사라지고 있는 가운데 국채 투자도 더 이상 매력적인 상품이 아니라는 공감대가 형성되기 시작했다. 최근 수년간 '저축에서 투자'로 재테크 관념이 바뀌면서 일본 투자자들이 과거에 비해 뚜렷하게 공격적인 투자 성향을 보여주고 있는 것과도 무관하지 않다는 분석이다.

일본은행에 따르면 지난해 말 시중 금융회사들이 보유 중인 외화 표시예금은 총 4조 8,300억 엔에 달했다. 이는 전년보다 2.8% 증가한 수치인 동시에 관련 통계가 작성되기 시작한 이후 사상 최대 규모다. 현지 시장 전문가들은 제로 금리와 엔화 강세가 지속되고 있는 가운데 신흥시장의 통화 등 고위험·고수익 상품에 대한 투자가 크게 늘어났기 때문이라는 분석을 내놓고 있다. 실제로 일본 금융회사 창구에는 최근 들어 호주달러나 브라질의 헤알, 남아공의 랜드 등에 투자하는 상품들이 대거 등장하고 있다.

이런 가운데 최근에는 한국수출입은행도 일본 개인투자자를 대상으로 400억 엔 규모의 채권(4년 만기)을 발행하는 데 성공했다. 이 채권은 일본 이 외의 지역에서 발행한 채권을 주관사(다이와증권)가 인수해 일본 내 개인투자자들에게 고정금리(1.05%)를 주고 소액 분할 판매하는 채권이다. 기관투자자를 대상으로 발행되는 사무라이본드보다는 이자율이 다소 낮았지만 한국 투자에 관심이 많은 일본 내 개인투자자들을 끌어들이는 데 성공하면서 발행 물량이 성공적으로 소화됐다.

글로벌금융위기 이후 관망 자세를 유지했던 일명 '와타나베 부인'들이 최근 활발하게 투자에 나서는 움직임도 곳곳에서 포착되고 있다. 와타나베 부인이란 저금리 엔화로 고금리 국가의 금융상품에 투자하는 외환증거금 거래에 나서는 일본의 부유층 주부들을 가리키는 용어다. 일본의 외환증거금 거래 총액은 지난해 2,116조 엔을 기록해 전년보다 4.7% 증가한 것으로 집계됐다. 도쿄금융거래소의 외환증거금 계약 건수는 1억 993만 매로 전년에 비해 55%나 증가했다. 일본 금융당국이 외환증거금의 100배 이상에 달하는 투자배율(레버리지)을 이용하는 외환증거금 거래에 대해 "투기 성향을 띠고 있다"고 판단하고 지난해 증거금 액수를 50배로 제한하는 규제조치를 시행했다.

그러나 당국의 규제에도 불구하고 발 빠른 와타나베 부인들은 유럽의 재정위기와 미국의 금융정책, 환율 변동 폭 등을 활용하며 고위험 투자에 대거 나서고 있는 것으로 파악되었다. 특히 온라인 외환증거금 거래의 수수료 면제 서비스가 확산되면서 단타 차익을 노린 매매가 대거 늘어난 것으로 확인됐다. 엔화 환율이 연초 달러당 81~82엔대에서 강보합세 박스권을 형성하고 2년간 유지됐던 제로

금리정책이 당분간 더 유지될 것으로 예상되면서 와타나베 부인들의 공격적인 외환상품 투자는 올해 더욱 늘어날 것으로 예상된다.

일본에서 개인과 금융회사가 보유 중인 자국 국채 물량은 지난해 말 현재 일본 정부가 발행한 전체 국채 잔액의 약 95%에 달한다. 국제신용평가기관들이 일본의 재정위기를 잇따라 경고하고 나섰지만 그리스 등 유럽 국가들과 달리 일본은 국채 대란이 빚어질 가능성이 매우 낮다는 분석이 나오는 것도 바로 자국민들의 국채 보유가 절대다수를 차지하고 있기 때문이다. 하지만 일본인들의 자국 국채 이탈과 국외 위험상품 투자가 가속화되면서 일본도 더 이상 재정위기의 안전지대가 아니라는 전망이 나오고 있다. 실제로 최근 일본 재무성이 발행한 국채는 자국 국민들보다 중국 정부가 더 큰 관심을 보이는 것으로 알려졌다. 일본 개인투자자들의 재테크 패턴 변화가 일본의 국가 재정정책에도 적잖은 영향을 미치고 있는 셈이다.

1. 국제기업과 재무환경

1.1. 재무환경의 변화

1) **금융의 세계화**(Globalization) **또는 통합화**
자본이동의 가속화, 영역규제완화, 파생상품의 개발, Option의 허용
24시간 결제시스템(NY → JPN → HK → UK)
(예) 개별종목의 선물허용, ECN시장 개장[2]
경쟁심화 → MMF, MMDA 등 새로운 상품의 출현

2) 금융의 규제철폐(deregulation) → 효율성 창출

(예) 한국 외환위기 이후 개인의 외환소지 허용

3) 직접금융(direct financing) → 증권화

(예) ADR: 미국주식예탁증서

NYSE-KF(Korea Fund), KEF(Korea Equity Fund), 포철, 한전
(KEP) 등

4) 새로운 금융상품(New Financial Product)

고객의 니즈에 부응, 금융시장의 효율성 증대, 위험의 증대

(예) 파생상품

1.2. 기업재무전략의 필요성

1) 국내기업중심: 변화의 필요성 대두

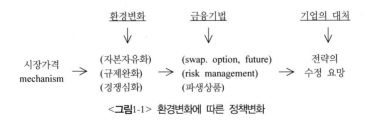

<그림1-1> 환경변화에 따른 정책변화

---

2) 과거에 운영되던 ECN시장은 현재 운영되지 않고 있다.

2) 사례: 일본의 기업

<표 1-1> 일본기업의 변화

구분	대규모 자금부족기 (1차 석유파동 이전)	자금부족 축소기	자금부족 재확대
시기	1960년대부터 19734년까지	1974년부터 1986년까지	1986년 이후
특징	· main bank 체제 · 간접조달에 의존	· 정부의 규제완화 · 해외DR발행시장 　(해외자금조달 ↑) · 해외금융자회사 설립	· 주가상승 · DR발행 확대 · 직접금융－특히 　equity financing 증대

2. 국제기업과 재무시장

2.1. 재무시장

1) 화폐시장(money market): 만기 기간이 1년 이내인 금융시장
   (예) 은행권의 MMDA

2) 자본시장(capital market): 만기가 1년 이상으로 화폐시장에 비하여
   상대적으로 장기인 시장
   (1) 사채시장(bond market)
      · 한국: 국채, 지방채, 공채, 사채, CD, CP
      · 미국: Federal Funds, RP, T-bill, CD, CP
   (2) 주식시장(equity market): SEC 통제

2.2. 외환시장

외환시장(Foreign Exchange Market: Fx Market)의 24시간 거래 시스템의 시장으로 아래서 보는 바와 같이 미국의 뉴욕에서 시작된 거래는 태평양을 건너서 홍콩시장으로 전해지고, 이는 다시 중동과 아프리카를 넘어 지중해의 터키시장, 그리고 외환시장의 중심인 유럽의 영국시장으로 전해지는 순환을 갖는다.

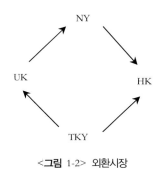

<그림 1-2> 외환시장

2.3. 유로시장

1) 개념
각국의 금융규제를 받지 않는 역외시장(offshore market)
(예) 달러 표시예금이 런던, 싱가포르에서 이루어질 때

2) 종류

(1) Eurocurrency market

(2) Eurocredit market

(3) Eurobond market

3) 기능

B국의 차입자에게 A국의 투자자의 자금제공이 가능하게 한다. 즉, ① 투자자에게 일정 수익하에 최대수익을 보장(optimal mix of assets)하고, ② 차입자에게 최소의 조달비용으로 최대유동성을 보장(optimal mix of financing)함으로써 차입자와 투자자 모두의 부의 극대화(wealth maximization)를 실현한다. 결론적으로 자율적이고 효율적인 시장을 유지하게 한다.

3. 국제금융센터

3.1. 국제금융센터의 조건

1) 정치적인 안정(political stability)
2) 금융하부구조(financial infra-structure) 확충
3) 체계화된 시스템(regulatory system)
4) 정보기술(informational technology)
   (예) 로이터, 다우존스, 퀴트란에서 블럼버그 시대로
5) 금융지식 및 경험 많은 전문가의 확충(financial expertise)

3.2. 국제금융센터

금융의 중심
- 주식시장: NY(뉴욕)
- 외환시장: LDN(런던)
- 보험시장: LDN(런던)

[요점정리]

1. 국제기업의 재무환경은 세계화 및 탈규제 속에서 하루가 다르게 새로워지고 있고, 국경도 없는 치열한 경쟁으로 내몰리고 있다. 이런 환경변화는 새로운 금융상품을 통하여 고객의 욕구를 만족시키고 있으나 이에 대한 위험은 점점 더 증대되고 있다. 따라서 국제기업 차원에서 환경변화에 대응하여 적절한 기업재무의 변화 및 전략이 요구되고 있다.

2. 외환시장(Foreign Exchange Market: Fx Market)의 24시간 거래 시스템의 시장으로 미국의 뉴욕에서 시작된 거래는 태평양을 건너서 홍콩시장으로 전해지고, 이는 다시 중동과 아프리카를 넘어 지중해의 터키시장, 그리고 외환시장의 중심인 유럽의 영국시장으로 전해지는 순환을 갖는다. 유로시장은 차입자와 투자자의 부의 극대화를 실현하는 기능을 갖는다.

3. 국제금융센터가 되기 위한 조건으로는 정치적인 안정, 금융하부구조 확충, 정비된 시스템, 정보기술, 그리고 금융전문가가 필수적이다.

[참고문헌]

강영수, 『기업재무전략』, 한솜미디어, 2013.

강호상, 『국제기업재무론』, 법문사, 1996.

김영래, 『글로벌경영』, 법문사, 2009.

민상기 · 정창영, 『글로벌 재무전략』, 명지사, 2012.

박영규, 『글로벌파이낸스』, 삼영사, 1999.

박종원, 『재무관리전략』, 21세기북스, 2011.

이장로 · 신만수, 『국제경영』, 무역경영사, 2010.

임태순, 『경영학의 이해』, 한국학술정보(주), 2012.

임태순, 『재무관리의 이해(공저)』, 법문사, 2012.

임태순, 『주식시장과 투자』, 한국학술정보(주), 2011.

임태순, 『핵심재테크』, 이담북스, 2010.

임태순, 『금융시장』, 한국학술정보(주), 2010.

전용욱 · 김주헌 · 윤동진, 『국제경영』, 문영사.

조갑제, 『국제금융』, 두남, 2009.

최낙복, 『국제금융』, 두남, 2011.

[학습목표]

1. 국제통화제도에 대해 학습한다. 국제통화란 무엇이며, 어떠한 기능을 하고, 국제통화가 되기 위해선 어떤 요건을 갖추어야 하는가에 대해 학습한다.
2. 국제통화가 시간이 경과함에 따라 어떻게 변화해왔는가를 학습한다.
3. 고정환율과 변동환율에 대해 학습한다.
4. 우리나라 통화제도의 발달에 대해 학습한다.

제2장 국제통화

[들어가기]

차이나 파워 세계금융 장악[3]

파이낸셜타임스(FT)지가 최근 10년간 전 세계 금융산업의 판도 변화를 분석한 결과 금융권의 변방으로 취급받던 중국의 공상은행, 건설은행, 중국은행이 시가총액 기준으로 각각 1~3위를 차지하며 글로벌금융시장의 선두주자로 떠올랐다.

지난 17일 현재 시가총액은 공상은행이 1,753억 달러, 건설은행이 1,287억 달러, 중국은행이 1,128억 달러 수준이다. 중국의 상업은행과 초상은행도 각각 12위(380억 달러)와 17위(310억 달러)에 올라 올해 시가총액 최상위 20개 은행 가운데 중국은행이 20%를 차지하는 기염을 토했다.

올해의 국가별 은행 시가총액 역시 중국이 5,091억 달러를 기록, 미국을 제치고 1위에 올라섰다. 지난 1999년 1조 542억 달러로 압

---

3) 출처: ≪파이낸셜 뉴스≫, 2009년 3월 23일자 기사 내용

도적인 1위를 차지했던 미국 은행의 시가총액은 올해 3,781억 달러로 곤두박질했다. 영국 은행의 시가총액 역시 같은 기간 3,629억 달러에서 1,186억 달러로 급감했다.

특히 1999년부터 2007년까지 세계 최대 은행 자리를 고수하며 시장을 좌지우지했던 미국 씨티그룹은 시가총액이 10년 사이에 1,509억 달러에서 137억 달러로 쪼그라들며 46위로 추락했다. 뱅크오브아메리카(BOA)도 1,129억 달러에서 401억 달러로 줄어 2위에서 11위로 주저앉았다.

영국은 홍콩상하이은행(HSBC)이 같은 기간 3위(937억 달러)에서 5위(738억 달러)로 상승해 상대적으로 선방했으나 로이즈뱅킹그룹이 4위에서 53위로 내려앉는 등 약세를 면치 못했다. 세계 은행업계의 이 같은 순위 변화는 단순히 서열 조정이란 의미를 넘어 글로벌 금융시장 질서가 미국발 금융위기를 계기로 재편되고 있음을 뜻하는 것이어서 주목된다.

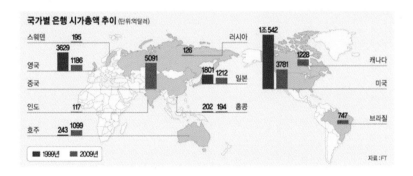

국가별 은행 시가총액 추이 (단위:억달러)

스웨덴 195
3629
영국 1186
5091 126 러시아
1조542
1801 1212 일본
3781 1228 캐나다
중국 미국
인도 117 202 194 홍콩
호주 243 1099 747 브라질

■ 1999년 ■ 2009년

자료:FT

1. 국제통화의 의의

1.1. 국제통화의 기능

국제통화(International currency)란 국제적으로 통용되는 세계적인 화폐를 말한다. 국제통화의 기능은 결재통화, 대외지불준비통화, 그리고 개입통화의 기능을 갖는다.

1) 결재통화(settlement currency)

국제통화는 결재통화의 기능을 수행해야 한다. 주로 무역거래의 대금지불수단으로 이용되는 경우를 의미하며 국제통화의 기능 중에서 순수한 거래의 기능이며 본원적인 기능이라고 할 수 있다.

2) 대외지불준비통화(reserve currency)

국제통화는 대외지불준비의 기능을 수행해야 한다. '예비적 통화'의 의미로서 대외지불을 위한 준비적 기능을 의미한다.

3) 개입통화(intervention currency)

국제통화는 개입통화의 기능을 수행하여야 한다. 순수한 기능인 결재통화의 기능이 무역과 관계된 거래와 관련이 있다면 개입통화는 재무적인 성격을 갖는 기능으로 볼 수 있다. 개입통화란 자국과 관련된 이해를 고수하기 위한 방편으로 환율에 인위적인 개입을 하는 기능을 의미한다.

(예) 1977년 외환위기 때 외환보유고가 약 300억 달러에서 30억

달러로 저하

1.2. 국제통화의 요건

국제통화가 되기 위한 기본요건으로는 유동성, 안정성, 이체성과 같은 3가지 요소를 충족시켜야만 한다.

1) 유동성(liquidity)

국제통화가 되기 위해서는 충분한 유동성이 확보되어야 한다. 즉, 국제통화의 기본요건 중에서도 유동성을 가장 우선되는 요건으로 지적하는데, 이는 유동성이 확보되어야만 통화를 유통시키고자 하는 사용인들한테 통화에 대한 신뢰성을 부여하기 때문이다.

[쉬어가기]

우리는 1997년 말 IMF를 맞이하면서 "유동성 부족(the lack of liquidity)"이나 "유동성 함정(the trap of liquidity)"과 같은 용어를 많이 사용하였다.

① 유동성 부족이란 현금의 확보가 지불되어야 하는 양에 못 미쳐 지불불능의 상태가 되는 것을 의미한다.

② 유동성 함정이란 유동성 부족과 같은 의미로 사용되기도 하는데 유동성 부족보다는 일시적인 유동성의 부족상태에 놓인 현상을 지칭할 때 많이 사용된다.

2) 안정성(stability)

국제통화의 기본 요건으로 국제통화의 안정성 유지를 들 수 있다. 국제통화가 안정성을 유지하지 못한다면 국제경제의 혼란을 가중시킬 수도 있기 때문이다. 여기서의 안정성이란 여러 가지 의미가 있겠지만 주로 환율의 변화와 관계된 내용이다. 즉, 기축통화가 안정되어 있지 못하고 그 환율의 변화 폭이 매우 크다고 가정한다면 그 화폐에 대한 사용자들의 불안심리가 가중되어 결국 국제통화로서의 역할을 수행하는 데 어려움이 존재하게 된다.

3) 이체성(transferability)

국제통화는 다른 통화로 언제라도 이체할 수 있어야 한다. 이체성의 문제는 다국적 기업의 운영에서 관계되는 "국가위험"을 평가하는 항목 중의 하나인 '본국으로의 송금'과 관계된 내용과 같은 내용으로 볼 수 있다. 즉 국제통화는 고객들이 원하는 화폐로 언제든지 교환 또는 이체가 가능해야 하는 요건을 구비해야 한다.

1.3. 국제통화의 부문별 기능

<표 2-1> 국제통화의 부문별 기능

구 분	공적부문	민간부문
지불수단	개입통화 (intervention currency)	거래통화 (transaction currency)
가치보존	대외준비통화 (reserve currency)	투자통화 (investment currency)

2. 국제통화제도의 발달

2.1. 금본위제도(Gold Standard)

금본위제도란 자국화폐 1단위당 일정량의 금으로 표시하는 금평가(gold parity)제도이다.

1) 고전적 금본위제도

중세 이후의 국제통화는 금이나 은 같은 금속물질이 주로 사용되었다. 1816년 영국은 금을 통화로 하는 금본위제를 채택하였으며, 1870년 영국에 이어 독일, 프랑스, 일본 등도 금본위제를 채택하였다.

2) 제1차 세계대전이 발발하기 전인 1914년까지

3) 자국통화의 한 단위를 금의 일정량으로 표시하는 금평가제도

4) 금의 호환성(convertibility) 보장

5) 국제수지가 자동조절 기능

국제수지의 적자 → (금의 유출: 국내 금보유량 ↓) →
(통화량 ↓) → (물가 ↓) → (자국 상품 경쟁력 ↑) →
(상대국 상품 경쟁력 ↓) → (수출 ↑)(수입 ↓)=자동균형

<그림 2-1> 금본위제도하의 국제수지 조정

6) 1914년 1차 대전으로 인해 금의 자유로운 유·출입이 불가능
해지고, 아울러 금의 탈환이 어려워짐에 따라 금본위제도는 붕괴되
었다.

2.2. 금본위제의 복귀

1) 제1차 세계대전 후 일시적 변동환율제를 채택하였으나 1923년
에서 1928년 금본위제도로 복귀 시도

2) 일시적인 변동환율제 운영, 금본위제로의 복귀를 시도한 이유
는 경제부흥과 통화기치 안정의 필요성이 대두했기 때문

3) 문제점 대두: 금본위제도 이전의 환율 유지에 어려움
제1차 세계대전 후 미국의 국제수지 흑자, 영국의 전후 경제력 쇠
퇴, 즉 전후에는 전전 이전의 물가를 유지하는 데 어려움이 있었고
각국의 상황이 또한 다르게 전개되었다.

4) 1931년 영국의 금탈환정지, 1930년대 대공황

2.3. 브레턴우즈(Bretton Woods)협정 체제(1944~1977년)

실질적인 의미에서, 현대 환율제도의 역사는 1944년 7월 미국의
뉴햄프셔주의 브레턴우즈에서 맺은 협정이라고 하여 브레턴우즈협
정부터 시작된다고 볼 수 있다.

1) IMF(국제통화기금)의 발족

(1) 제2차 세계대전 후 각국이 경쟁적으로 자국화폐를 평가절하하 였다.

(2) 1930년대의 대공황으로 각국 간의 협조체제가 약화되고 외환 시세가 불안정해졌으며 무역의 차별조치 등이 나타났다.

(3) 외환시세의 안정, 외환제한의 철폐, 그리고 국제수지 균형을 위해 케인스(영국) 안과 화이트(미국)안이 제출되었다. 그러나 케인스에 의해 입안된 케인스안은 자국의 이익보호에 치중하 고 화이트안은 영국의 이익을 제거하려는 상충되는 면이 있어 서 결국 절충되었다.

(4) 1944년 7월 미국의 뉴햄프셔주의 브레턴우즈에서 브레턴우즈 협정의 결과로 1946년에 국제통화기금(IMF: International Monetary Fund)이 발족되었다.

2) 금환본위제도(Gold Exchange Standard)

(1) 금환본위제도는 브레턴우즈 체제의 통화제도이다.

(2) 달러를 금에 고정[혹은, 페깅(pegging)]: 1달러를 1/35온스의 금으로 고정하고 IMF통화는 달러에 페깅

(3) 따라서 미국의 달러가 주요 국제통화로 부상

3) 조정가능고정환율제도(Adjustable Fixed Exchange Rate System)

(1) 브레턴우즈 체제하에서 자국통화의 환율범위는 원칙적으로 각 1% 범위

(2) 국제수지의 근본적인 불일치 시에는 10% 범위 내에서 조정이

가능한 고정환율제도

(3) 문제점: 무역량의 확대로 금의 부족분을 달러의 공급을 늘려서 보충함으로써 미국 국제수지의 지속적 적자상태 및 유동성 문제 대두

→ 유동성 딜레마(liquidity dilemma)에 의한 달러의 신인도 저하

(4) 따라서 1945~1958년까지는 달러의 부족기

(5) 1968년 금의 이중가격제 도입(도입배경은 미국의 국제수지 악화): 중앙은행 간의 거래에만 금을 사용, 민간시장에서는 금의 공급 중단

4) 스미스소니언(Smithsonian Agreement) 협정

(1) 1970년대 미국의 수지적자 악화로 미국의 닉슨 대통령이 금의 탈환정지를 선언함에 따라 브레턴우즈 체제 붕괴

(2) G-10이 1971년 워싱턴에서 국제통화제도의 안정과 국제무역 확대를 위해

(3) 1973년 금 1온스=38달러

(4) 미국 달러의 평가절하, 일본의 엔화, 독일의 마르크화의 평가절상

5) Bretton Woods System 몰락

(1) 2차 평가절하(배경: 영국 파운드화의 경상수지 악화에 따른 변동환율제도 도입)

금 1온스=42.22달러(1973년 2월)

(2) 브레턴우즈 시스템의 몰락

6) 킹스턴(Kingston System) 체제

(1) 1976년 1월 킹스턴 체제

배경: 미국은 변동환율제, 프랑스는 고정환율제 주장

1975년 11월 파리정상회담

(2) SDR(특별인출권) 본위제도와 변동환율제

(3) IMF에 의해 국제 유동성 부족 및 기축통화 신인도 저하를 방지하기 위해 인위적으로 창출된 국제준비자산

7) EMS(European Monetary System) 발족(1980년)

"snake in the tunnel" system 운용

8) 유로화 지폐 및 동전 사용(2002년)

2002년 1월부터 자국의 화폐와 같이 동시 사용

2002년 3월부터 자국의 화폐통용을 정지, 명실상부한 유로화 통용

3. 고정환율과 변동환율

3.1. 고정환율제도의 장·단점

1) 고정환율제도(Fixed exchange rate system)

두 나라 간의 환율을 정해 놓고 이를 유지하는 시스템이다.

2) 평가

고정환율제도를 유지하면 환율이 안정되어 환위험으로부터 자유로울 수 있다. 따라서 환위험 헤지 수단이 발달하지 않은 개발도상국이나 중소기업의 입장에서는 유리한 제도이다. 또한 국제수지가 자동으로 조절되는 장점도 가지고 있다. 그러나 국제수지의 흑자는 인플레이션으로 이어지고 교역의 성과에 따라 교역상대국에 파급효과를 주는 부정적인 면을 가지고 있다. 또한 고정환율제를 유지하기 위해서는 많은 양의 외환보유고를 유지해야 하는 문제점을 가지고 있다.

3.2. 변동환율제도의 장·단점

1) 변동환율제도(Floating exchange rate system)

두 나라 간의 환율이 경제 상황에 따라 유연하게 변동할 수 있는 제도로 고정환율제도가 가지는 문제점을 보완할 수 있다.

2) 평가

변동환율제도의 장점은 일국의 경제 상황이 타국에 파급효과를 주는 문제점을 차단할 수 있고 또한 많은 외환보유고를 유지해야 하는 부담을 줄일 수 있다. 그러나 환율의 변동성으로 인하여 국제무역거래나 해외투자를 위축시킬 수 있는 문제점이 있으며, 국제수지 불균형을 심화시킬 수도 있다. 또한 환투기 대상이 될 수 있다는 문제점을 내포하고 있다.

4. 한국통화제도의 발달

4.1. 시기별 한국통화제도의 발달

1) 1981년: 복수통화바스켓제도

복수통화제도란 달러를 포함하는 주요국의 통화로 구성된 통화바
스켓을 만들고 원화의 가치를 그 통화바스켓의 가치에 연동하여 운용
하는 제도로서 그 당시 주요국의 통화로는 우리나라와 무역 등 직·
간접적인 관련이 많은 나라의 통화를 지표로 이용하였다. 따라서 환
율이 중앙은행에 의하여 고시되면 고시된 환율은 1일 동안 고정되
던 제도이다. 실제적으로는 수출에 장애가 되는 원화 과대평가를 방
지하는 효과가 있었고 한 통화에 대해 환율을 조금씩 움직여 가는
크롤링페그(crowling peg)제도였다.

[쉬어가기]

외국으로부터 '수출장려를 위한 통화조작'이라는 비난을 받기도
하였다.

2) 1991년: 시장평균환율제도

장기적인 자유변동환율제로 이행하는 준비단계로 1991년 3월부터
시작된 제도로 매일 매일의 변동 폭에 일정한 제한을 두었지만 하루
의 시작환율을 전일 시중은행 간 거래에 적용된 환율의 가중치로 정
하고 시장에서 하루 중의 환율이 자유롭게 변하게 하는 제도이다.

전일 국내외환시장에서 외국은행 간 거래량과 거래환율의 가중평균으로 1일 변동 폭을 0.4% 이내로 한정하였다.

3) 1995년: 1일 변동 폭 2.25% 이내로 확대

4) 1997년 11월: 1일 변동 폭 10% 이내로 확대

5) 1997년 12월: 자유변동환율제 선언

[쉬어가기]

자유변동환율제 채택의 의미: 동남아에서 유발되어 전염효과(contagion effect)에 의한 국내 환율방어 실패, 외환보유고 감소 등 계획적이고 자의성이 강한 성격의 자유변동환율제가 아니고 상황적합적인 선택으로 출발하게 되었다. 따라서 새로운 환율제도 환경에서 대처할 역량의 필요성이 국제재무관리나 금융관계자에게 요구되는 시점이다.

[용어해설]

1. free floating: 자유(시장기능에 의존하는)변동환율제
중앙은행이 시장참여자에 대항하여 어떤 인위적인 개입을 하지 않은 형태이며, 시장참여자란 투자자(investor), 투기자(speculator), 매매차익자(또는 재정거래자라고도 하며 arbitrager) 등을 말한다.

2. managed floating: 관리변동환율제

중앙은행이 바람직하다고 생각하는 환율수준을 벗어날 때 어떠한 형태로든 시장에 개입하여 시장참여자들과 힘겨루기를 통하여 원하는 환율수준으로 인위적인 조작을

하는 형태를 말한다. 만일 힘겨루기의 money game에서 중앙은행이 승리하면 원하는 환율을 유지할 수 있다. 반대로 시장개입의 실패는 투기적인 시장참여자들에게 막대한 이익을 안겨주고, 환율은 시장참여자들이 예측하는 방향으로 움직이게 된다.

역사적으로 볼 때 정부의 환율개입에 따른 성공 여부는 환율변동의 압력이 일시적인 경우와 경제의 구조적인 경우에 따라 크게 달라진다. 구조적인 경우(예: 지속적인 무역적자 등)는 대부분의 경우 실패로 돌아갔고, 일시적인 경우는 효과를 보기도 한다.

[사례]

1. 조지 소로스(hedge fund의 왕: 퀀텀펀드 운용)의 영국은행과 일본은행과의 Money Game

2. 1997년 태국발 아시아의 외환위기
   · clean floating: 깨끗한 변동환율제
   · dirty floating: 더러운 변동환율제

[요점정리]

1. 국제통화의 기능과 국제통화가 성립하기 위한 요건은 무엇인가
   에 대해 살펴보고, 국제통화제도 발달사를 학습하였다.
2. 고정환율과 변동환율에 대해 살펴보고 한국의 통화제도 발달사
   에 대해 학습하였다.

[참고문헌]

강영수, 『기업재무전략』, 한솜미디어, 2013.
강호상, 『국제기업재무론』, 법문사, 1996.
김영래, 『글로벌경영』, 법문사, 2009.
민상기·정창영, 『글로벌 재무전략』, 명지사, 2012.
박영규, 『글로벌파이낸스』, 삼영사, 1999.
박종원, 『재무관리전략』, 21세기북스, 2011.
이장로·신만수, 『국제경영』, 무역경영사, 2010.
임태순, 『경영학의 이해』, 한국학술정보(주), 2012.
임태순, 『재무관리의 이해(공저)』, 법문사, 2012.
임태순, 『주식시장과 투자』, 한국학술정보(주), 2011.
임태순, 『핵심재테크』, 이담북스, 2010.
임태순, 『금융시장』, 한국학술정보(주), 2010.
전용욱·김주헌·윤동진, 『국제경영』, 문영사.
조갑제, 『국제금융』, 두남, 2009.
최낙복, 『국제금융』, 두남, 2011.

국제기업의 재무분석

[학습목표]

1. 국제기업의 유동성 분석을 하는 방법과 이를 해석하는 방법에 대해 학습한다.
2. 국제기업의 생산성분석을 하는 방법을 학습한다.

제3장 국제기업의 유동성과 생산성

[들어가기]

썩어가는 자본주의, 자본주의(慈本主義)가 구하라니…

'살아있는 경영 神'의 일갈[4]
이나모리 가즈오 교세라그룹 명예회장 인터뷰
"CEO는 배부르면 사냥 않는 사자의 절도 배워야"

"인간의 욕망을 원동력으로 했던 것이 자본주의지만, 그것이 지나쳐 계속 편리한 것만을 추구한 결과가 이번 금융위기를 낳았습니다. 이번 위기는 단순한 경기 침체가 아니라 인류가 삶의 방식을 근본적으로 재검토하는 계기로 삼아야 합니다."

이나모리 가즈오(稻盛和夫·77) 교세라그룹 명예회장, 마쓰시타 고노스케(松下幸之助), 혼다 소이치로(本田宗一郎)와 함께 일본에서

---

4) 출처: ≪조선일보(chosun.com)≫, 2009년 8월 22일자 기사 내용

이나모리 가즈오 명예회장

가장 존경받는 3대 기업가로 꼽히며, '살아 있는 경영의 신(神)'으로까지 불리는 사람이 바로 그다. 그는 27세 때 맨손으로 사업에 뛰어들어 세계적인 전자부품회사인 교세라와 일본의 SK텔레콤 격(格)인 민간 이동통신업체 KDDI 두 개의 대기업을 창업했다. 두 그룹을 합치면 종업원 수가 7만 6,000여 명에 매출이 4조 4,000억 엔(약 58조 원)을 넘는다.

지금은 경영 일선에서 은퇴했지만 일본 재계의 큰 어른으로서 그의 영향력은 지대하다. 미국에서 기업인들이 가장 만나서 의논하고 싶은 인물이 워런 버핏(Buffett)이라면, 일본에선 단연 이 사람이다. 그의 경영철학을 전수하기 위해 시작된 경영 모임 세이와주쿠(盛和塾)에서 그의 강연이 끝나면 젊은 기업인들이 그를 빽빽이 에워싸고 차례로 질문을 던진다.

특히 지금 이 시점에서 그를 만나는 의미가 남다르다. 글로벌금융위기로 자본주의 윤리 자체가 도마 위에 오른 지금, "땀 흘려 번 돈만이 진짜 이익"이며 "일은 생활의 수단이 아니라 영혼을 닦기 위한 수양의 장"이라는 그의 동양적 경영철학에 무게가 실리고 있다.

그는 이윤추구와 주주중심주의, 성과주의를 바탕으로 한 서구식 자본주의의 대척점에 서 있는 인물이다. 그는 기업은 단순히 돈을 버는 이상의 '레종 데트르(불어로 존재 이유란 뜻으로 그가 즐겨 쓰는 표현이다)'를 가져야 한다고 주장한다. 그는 "경영의 베이스엔 거래처, 종업원, 고객 모두를 사랑해 모두가 잘되어야 한다는 자비(慈悲)의 마음이 깔려 있어야 한다"고 했다. 그는 1시간 30분간의 인터뷰 동안 '자비'라는 말을 다섯 번도 넘게 썼다. 그는 서구 기업 CEO들이 거액의 연봉을 받는 데 대해 "과거 전제 군주나 할 일"이라고 목소리 높여 비판하며, 성과급과 인력 구조조정에도 반대한다.

하지만 그는 늘 원대한 꿈을 꾸었고 일에 관한 한 양보가 없었던 집념의 경영인이다. 그는 기술 개발을 위해 20년간 새벽 서너 시경에야 사무실을 떠나 '미스터 A.M.(오전)'이란 별명이 붙었다. 그는 "내가 다음에 하고 싶은 것은, 사람들이 우리에게 절대로 할 수 없을 것이라고 말하는 것을 이루어내는 일"이라고도 했다.

'아메바 경영'으로 대표되는 이나모리식 조직관리는 관리에 강하다는 도요타나 삼성이 벤치마킹할 정도로 지독하고 무시무시하기까지 하다. 아메바 경영이란 회사 전체를 20명 이하의 소규모 조직으로 쪼개 독립 채산제로 운영하는 것이다. 그리고 매일 결산을 해서 아메바별 채산이 다음 날에는 모두 공개된다. 실적이 떨어진 부문은 문을 닫아야 한다.

그의 사상의 토대는 불교에 있다. 그는 1997년 경영 일선에서 물러난 뒤 머리를 깎고 불가(佛家)에 입문해 세계 경영계에 큰 화제가 되기도 했다. 그는 다이와(大和)라는 법명을 받고 탁발 수행까지 했지만, 이듬해 "개인의 철학 추구는 잠시 늦추고 국가의 일에 비중을 두고 싶다"면서 속계로 되돌아왔다.

그의 경영철학과 인생관을 담은 책들은 국내에도 여러 권 번역되어 출간됐다. 『카르마 경영』은 2006년에는 삼성경제연구소, 올해는 LG그룹 CEO들이 각각 선정한 여름 휴가철에 읽을 만한 책에 포함됐다. '인간은 무엇인가'에서부터 출발하는 그의 경영철학은 평범하면서도 깊은 진리를 담고 있어 진한 울림을 준다.

― 세이와주쿠에서 후배 기업인들에게 가르치는 것은 무엇입니까?

▶ 중소기업 경영자 중에서 경영이 무엇인지 잘 모르는 사람이 많습니다. 예를 들어, 경영이란 것은 아무리 작은 식당을 하고 야채를 팔아도 모두 부기(簿記)나 회계가 필요합니다. 그런데 부기나 회계를 모르는 사람이 태반이에요. 얼핏 보면 이익이 나는 것처럼 보여도 알고 보니까 번 돈이 바로 원재료비로 둔갑하기도 하고 설비투자로 들어가기도 합니다. 그래서 아무리 열심히 일해도 수익이 안 남는다, 자금이 모자란다, 이렇게 되어버리기 쉽습니다. 따라서 우선 부기, 회계부터 배우고, 혼자서 안 된다면 회계사에게 맡겨서라도 확실히 하는 것이 첫 번째입니다.

둘째, 경영자는 어떻게든 이익을 내려 하고, 또 반드시 이익을 내야 하지만, 이익을 추구하는 데도 길이 있습니다. 나 혼자 많이 벌면 좋겠다는 자기애(自己愛)만으로 돈을 벌면 오래가지 못합니다. 거래처와 종업원을 포함해 모든 사람을 행복하게 해준다는 더 큰 사랑이 필요합니다. 그래야 오래갑니다. 또한 경영자는 철학이 있어야 합니다. 돈으로 사람을 움직이기보다는 마음 깊은 곳에서 불타오르는 동기를 부여해야 하는데, 그것을 위해서는 정말 인격밖에 없습니다.

이나모리 명예회장은 질문을 하면 눈을 꾹 감고 듣곤 했다. 처음엔 노령에 피곤해서 그런 줄 알았는데 그게 아니었다. 한국에서 날

아온 외국인 기자가 하는 질문 내용을 빠뜨리지 않고 듣고, 답을 생각하기 위해 그런 것이다. 골똘히 생각하는 그의 모습에 질문하는 기자가 미안할 정도였다. 그에겐 이 인터뷰도 마음을 닦기 위한 수행의 일부인지 모른다.

─ 약육강식(弱肉强食)과 정글의 법칙이 통용되는 혹독한 환경 속에서 당장 살아남아야 하는데, 모든 사람을 행복하게 해준다는 것은 너무 한가한 말 같기도 합니다.

▶ 결코 느긋한 이야기를 하는 것은 아닙니다. 자본주의에서 기업을 경영하려면 경쟁이 아주 치열하고, 매우 어려운 환경에 처하기 마련입니다. 특히 요즘 같은 때 경영은 매우 힘든 일이니까 자신의 회사 경영을 잘하기 위해서는 누구에게도 지지 않을 정도로 필사적으로 일하지 않으면 안 됩니다. 지금의 일을 곁눈질하지 않고 자는 동안에도 죽을 정도로 일하지 않으면 안 됩니다. 저는 그 길밖에는 없다고 생각합니다.

하지만 이와 동시에 불교에서 가르치는 자비(慈悲)라고 하는 남에 대한 배려가 바탕에 있어야 한다는 것입니다. 자신의 일을 사랑함과 동시에 거래처, 종업원, 고객 모두를 사랑해 모두가 잘돼야 한다는 그런 기분을 베이스로 열심히 일해야 한다는 것입니다.

흔히 자본주의를 약육강식이라고들 하지만, 사실은 그게 아니라 적자생존(適者生存)이 더 올바른 표현이 아닌가 싶습니다. 자연을 보더라도 사실 약육강식이란 것은 의외로 흔하지 않습니다. 다만 환경에 맞는 것만 살아남고, 그렇지 못하면 멸망하는 것입니다. 그래서 길가의 한 포기 풀과 한 그루 나무까지도 살아남으려고 안간힘을 씁니다. 가뭄이 와도 비가 올 때까지 견뎌 보자면서 필사적으로 노력합니다. 그렇게 노력하지 않으면 바로 말라붙어서 시들어버립니다. 인간처럼 '좀 더 편히 살자', '좀 더 호강을 누리자' 이래서는 살아남을 수 없는 것입니다.

다시 말해 적자생존이란 의미에서 열심히 일하는 것만이 유일한 길인데, 다만 일할 때의 마음은 자비와 배려가 바탕에 있어야 한다는 것입니다. 이것이야말로 제가 불교에서 배운 훌륭한 교훈이라고 생각합니다.

그는 '이타(利他)'의 경영 이념을 정립했지만, 그가 창업할 때부터 그런 생각을 갖고 있었던 것은 아니다. 그가 이런 생각을 갖게 된 결정적인 계기가 있었다.

그가 1959년 교세라의 전신인 교토세라믹을 설립하고 3년이 지난 어느 날이었다. 고졸사원 11명이 혈서를 들고 그에게 찾아와 임금인상과 장래보장을 요구했다. 그는 요구를 그대로 받아들일 수 없었다. 이제 막 걸음마를 시작한 마당에 지키지도 못할 약속을 할 수 없었기 때문이다. 그는 직원들을 집으로 데려가 "나를 믿고 따라와 달라. 자네들을 배반한다면 그때는 나를 죽여도 좋다"고 사흘 밤낮으로 설득했다.

그래서 그 문제는 해결했지만, 그는 그때 큰 짐을 짊어진 것 같았다. 회사를 차렸다는 이유만으로 직원들의 생활을 책임져야만 했기 때문이다. 제 가족도 제대로 돌보지 못하는 처지였는데 말이다. 그는 회사란 직원과 사회에 무거운 책임을 져야 하는 것임을 깨달았다. 그는 몇 주간의 고민 끝에 '회사는 내 기술을 세상에 알리는 무대'라는 생각을 미련 없이 버리고 '전 직원의 행복을 추구하고, 인류 사회의 발전에 공헌한다'는 경영 이념을 정했다.

— 미국발 금융위기로 미국식 경영에 대한 비판이 확산되고 있습니다. 미국식 경영의 문제가 무엇이었다고 생각하십니까?

▶ 원래는 미국도 부지런히 무언가 물건을 만드는 데 힘을 쏟았던 걸로 알고 있습니다만, 지난 10년 동안엔 금융에 특화해 머리를 쓰고 돈을 굴려서 큰 이익을 얻고자 했습니다. 극단적으로 말하면 노력을 하지 않고 큰 이익을 얻으려 했습니다. 금융공학을 통해 금융 신상품, 파생상품을 만들었고, 이것을 넓게 운용하고 레버리지를 이용해 원금의 몇십 배에 이르는 막대한 이익을 올리려 했습니다. 그렇게 해서 한번 돈을 버니 계속 돈을 벌려고 하고 욕망이 점점 더 커져 갔지요. 힘을 들이지 않고 큰 이익을 얻으려는 것은 사람으로서는 당연한 일일지도 모르지만, 그것이 극단적으로 발전되어 세계적인 문제가 되고 만 것입니다.

— 자본주의의 실패라는 의견도 있습니다만…

▶ 물론 그렇게도 말할 수 있겠죠. 자본주의라는 것은 인간의 욕망을 원동력으로 발전했습니다. 우리가 쌓아 올린 근대문명도 그렇고요. 좀 더 풍요로워지고 부자가 되고 싶다는 인간의 욕망이 새로운 기술과 새로운 물건을 만들어 근대 물질문명을 이뤘습니다. 자본

주의의 좋은 점이라고 할 수 있겠죠. 그런데 그것이 너무 지나쳐 계속 더 편리한 것을 추구했던 인류의 '업(業)'이 이번 위기를 낳은 것입니다.

그런 의미에선 자본주의 그 자체가 문제였다고 할 수 있을 것입니다. 하지만 지금 와서 자본주의 그 자체를 부정한다고 해서, 현실적으로 공산주의로 바꿀 수도 없고, 다른 시스템을 생각할 수도 없습니다. 결국 자본주의를 해나가되 그 과정에서 인간의 자세, 마음, 이것을 어떻게 바꿔나갈 것인가가 중요합니다. 거기에도 분명히 절도(節度)란 것이 있을 것입니다.

자본주의의 지나친 면에 대해서는 법률이나 규칙을 바꾸는 것도 각국 정부가 생각하고 있는 것으로 압니다. 이것도 어느 정도 효과는 있겠죠. 하지만 가장 중요한 것은 인간의 마음입니다. 인간이 많은 돈을 벌려고 하는 욕망이 있는 한, 아무리 규칙이 있어도 부족합니다. 같은 일이 끊임없이 반복될 수 있습니다. 사자도 배가 부르면 더 이상 먹이를 사냥하지 않습니다. 인간도 이와 같이 자연의 절도를 본받아야 합니다.

─ 대기업 CEO나 임원의 거액 연봉에 대한 비판이 확산되고 있습니다. 하지만 그들의 높은 연봉은 그들의 능력에 대한 시장의 평가라는 의견도 있습니다.

▶ 확실히 회사가 큰 이익을 냈다면 리더인 CEO와 일부 고위 임원들의 역할이 컸을 것이므로 그만한 돈을 받을 가치가 있다고 생각할 수 있을 것입니다. 특히 금융계에선 극히 소수의 사람이 머리를

써서 거액의 돈을 운용함으로써 거액의 이익을 버니까요. 예를 들어, 불과 100명이 수조 엔을 굴려 수천억 엔을 법니다. 그래서 1,000억 엔을 벌었다면 그 1할인 100억 엔을 받아도 이상한 일은 아니지 않은가 생각할 수 있을 것입니다. 그래도 900억 엔이 남으니까요.

제조업체에도 그런 생각이 확산됐습니다. 교세라는 연간 수천억 엔 정도를 벌지만, 전 세계 6만 명의 종업원이 벌어들인 것이죠. 그러나 그런 이익이 나면 '톱인 내가 1할 정도는 떼도 되지 않나' 생각해 제조업체에서도 거액의 돈, 즉 일반 종업원의 수십~수백 배의 월급을 받는 것이 당연한 것처럼 되어버렸어요.

그러나 과거 봉건주의나 전제주의 시대의 독재국가라면 몰라도 민주주의라면서 이런 일이 생기는 것은 정말 이상한 일이라고 생각합니다. 과거엔 왕이 나라를 다스리고, 나라를 자신의 것으로 생각했으니 그런 일이 있을 수 있었겠죠. 하지만 민주주의가 되어 모두가 평등하고, 모두를 위해서라고 말하면서도 사고방식은 과거 봉건주의 시대처럼 폭력적인 독재자, 전제군주가 하던 짓과 거의 같은 일들을 지금 다시 시작했어요. 이처럼 자본주의, 자유시장경제가 사회에 거대한 격차를 만들어 낸 것은 사회의 변화를 수렴하는 의미가 있다 하더라도 매우 이상한 일이라고 생각합니다. 인간과 CEO의 끝없는 욕망이 확산되어 지금 이런 문제를 일으킨 것입니다.

석가모니의 말에 '만족을 안다'는 게 있는데, 이런 겸손한 마음, 그리고 절도(節度)를 아는 마음이 지금 리더들에게 요구됩니다. 위에 선 사람, 즉 리더라는 것은 자기희생을 보이지 않으면 안 됩니다. 자기애(自己愛)가 강한 사람이 리더가 되어서는 안 됩니다. 자기애가 강한 사람이 리더가 된 조직은 불행한 조직이라고 할 수밖에 없습니다.

– 열심히 일한 사람에게 표창하는 정도로 보상이 될까요? 그것으론 부족하다고 생각해 돈을 많이 주는 다른 회사로 옮겨가지 않을까요?

▶ 물론 그런 사람도 있을 수 있겠죠. 다행히 우리 회사엔 그런 사람이 적습니다. 또한 저희도 회사에 이바지한 사람에게는 승진을 시켜준다든지, 조금이라도 다른 사람보다 후한 대우를 하고 있습니다. 무엇보다 중요한 것은 자비의 마음입니다. 자기애가 아니라 말입니다. 주위의 사람과 성과를 나누는 기쁨, 이것이야말로 질(質)이 다른 기쁨이고, 아름다운 기쁨입니다.

– 경기 불황의 영향으로 전 세계적으로 구조조정의 바람이 일었습니다. 어려운 기업 환경 속에서 감원(減員) 없이 살아남을 수 있는 방법은 없을까요?

▶ 불경기가 되면 매출이 줄고 적자가 되기 마련입니다. 매출은 줄어드는데도 고정비는 그대로이면 적자를 보게 되죠. 그리고 고정비 중에서 가장 큰 비중을 차지하는 것이 인건비입니다. 그래서 일반적으로 경기가 나빠지면 기업에선 구조조정에 나서기 마련입니다. 그러나 저는 종업원도 행복하게 한다는 것이 기업의 목적이므로 어려울 때도 고용을 유지해왔습니다.

교세라는 이를 위해 불황이 오래 이어지더라도 고용을 유지할 수 있게 늘 대비를 해왔습니다. 형편이 좋을 때 호강하고 돈을 다 써버리는 것이 아니라 내부 유보를 하고 있는 것입니다. 지금 자본주의

사회에서는 이런 일이 환영받지 못하고 있습니다. 기업은 주주의 것이니 돈을 벌면 바로 주주에게 배당을 줘야 한다는 것이죠. 하지만 기업은 주주의 것만이 아닙니다. 한번 입사한 사람이 회사를 신뢰하면서 안심하고 일할 수 있는 자리를 마련해줘야 합니다.

　- 말씀하신 것처럼 기업은 주주의 것만은 아니고 종업원이나 거래처, 소비자 등 폭넓은 이해관계자를 위해 존재한다는 생각이 확산되고 있습니다. 이렇게 기업이 너무 많은 것을 생각해야 한다는 것은 부담스럽지 않을까요?

　▶ 주주만 잘해주는 것에서 벗어나 보다 넓게 모든 사람을 행복하게 하는 것인데, 결코 어렵지 않습니다. 결국은 기업이 번 이익을 어떻게 배분하느냐의 문제입니다. 이익을 주주뿐만 아니라 여러 사람에게 나누면 되는 것입니다.

　- 사람에는 3가지 종류가 있다고 하셨습니다. 즉 스스로 잘 타는 자연성(自燃性), 불에 가까이 대면 타는 가연성(可燃性), 그리고 불에 가까이 대도 타지 않는 불연성(不燃性)이 그것입니다. 어떻게 하면 가연성이나 불연성인 직원을 자연성으로 바꿀 수 있을까요?

　▶ 저는 불연성인 사람은 상대로 하지 않습니다. 적어도 정열을 갖고 말하면 동조해주는 가연성의 사람 이상은 되어야 합니다. 예를 들어, 내가 회사를 경영해 이런 훌륭한 회사로 만들고 싶고, 종업원도 행복하게 해주고 싶다는 목표와 계획을 열정을 갖고 종업원에게

이야기하면 '아 사장님이 그런 생각이라면 나도…' 하는 생각이 드는 사람이 되어야 합니다. 그렇게 이야기해도 '사장님이 말해도 그렇게 잘 되지는 않을 거야' 하는, 차갑고 정열이 없는 사람은 포기해도 그만이라고 생각합니다. 물론 내가 그런 말을 하지 않아도 스스로 불타고, 스스로 계획을 세워 개척해나가는 자연성이 가장 좋겠습니다만…. 결국 스스로 하려는 의욕이 생기고 강한 의지를 갖게끔 종업원을 교육하는 것이 가장 중요합니다.

■ 이나모리 가즈오 교세라 명예회장은…

"日서 가장 존경받는 경영자… 사재(私財) 출연해 일본의 노벨상 '교토상' 만들어"

지난 2007년 일본 스미토모(住友)생명보험은 전국의 기업체 사장 2만 6,000여 명에게 가장 이상적인 경영자가 누구인가 물었다. 고인(故人)이 된 마쓰시타 고노스케와 혼다 소이치로가 각각 1, 2위에 올랐고, 3위가 바로 이나모리 가즈오 명예회장이었다. 현존 인물 중에선 일본에서 가장 존경받는 경영자인 것이다.

하지만 그의 청춘 시절은 좌절의 연속이었다. 중학교 입시에서부터 낙방의 고배를 마셨고, 결핵에 걸렸다 간신히 나았다. 대학 시험은 1지망에 불합격했고, 고향의 대학을 졸업했지만 취업 시험에 번번이 낙방했다. 은사의 추천으로 중소기업에 입사는 했는데, 그 회사는 내일 당장 문을 닫는다고 해도 이상할 것이 없을 만큼 다 쓰러져 가는 회사였다.

그는 인생 역전(逆轉)의 비결을 "마음을 바꿔먹은 데서 출발했다" 고 했다. "어떻게 해도 방법이 없다면 차라리 180도 마음을 바꾸어 일에 정성을 들이고 필사적으로 연구해보자는 마음을 먹게 됐습니다. 그 후부터 연구실에서 먹고 자는 날이 더 많을 정도로 필사적으로 실험에 열중했습니다. 그때 누적시킨 기술과 실적은 훗날 교세라를 일으키는 밑바탕이 되었습니다."

그는 27세 때인 1959년 300만 엔을 빌려 목조 창고에서 교세라의 전신인 교토세라믹을 세운다. 교세라는 세라믹을 소재로 한 전자부품의 제조·판매를 전문으로 하는데, 세계 대형 전자메이커 중에서 교세라와 거래하지 않는 곳이 드물 정도이다. 휴대전화와 태양광 발전시스템도 만들며 주부들에게는 세라믹 칼로 유명하다.

이나모리 명예회장은 공대 출신이지만 경영 관리로도 명성을 쌓았다. '아메바 경영'으로 대표되는 분산형 조직과 투명하고 과학적인 회계 시스템이 그것이다. 윤종용 삼성전자 고문은 "재고 관리나 현금흐름은 교세라처럼 훌륭한 회사가 드물다"고 말하곤 했다. 이나모리 명예회장은 1984년 미지의 분야인 통신시장에 진출, DDI(현 KDDI의 전신)를 창업해 공룡기업 NTT에 맞서는 일생일대의 도박을 벌이고 나섰고, 결국 성공한다.

그는 사재(私財) 200억 엔을 출연, 일본의 노벨상으로 비유되는 '교토상'을 만들어 시상하고 있다. 그는 "회사는 세습해서는 안 된다"면서 65세이던 1997년 회장직에서 물러났다. 2005년엔 교세라 이사직을 사임하면서 받은 퇴직금 6억 엔을 몽땅 대학에 기부했다.

1. 국제기업의 유동성 분석

1.1. 유동성 비율

유동성 비율은 기업의 단기채무에 대한 변제능력이나 자금사정에 대한 정보를 제공해준다. 유동성(liquidity)이란 현금화할 수 있는 능력(가능성)을 의미하며, 주로 1년 이내에 현금화가 가능한 유동자산과 1년 이내에 변제를 필요로 하는 유동부채를 이용한 비교를 많이 사용한다. 유동성 비율을 이용하여 분석할 때 유의할 사항은 분석후의 시사점을 파악하는 데 주의가 요망된다는 점이다.

1) **유동비율**(liquidity ratio)
(1) 개념: 유동성 비율은 1년 이하의 단기채무(현금, 유가증권, 매출채권, 재고자산)의 상환능력을 보기 위한 비율이다.
(2) 관심: 단기신용제공자의 최대 관심거리
(3) 비율:

$$유동비율 = \frac{유동자산}{유동부채}$$

(4) 해석: 유동비율이 높을수록 단기채권자의 안전도가 높은 것을 의미하며 통념적으로 200% 이상이면 안전하다고 본다. 해석의 양면성을 이해할 필요가 있다.

높은 유동비율이 시사하는 바를 생각해봅시다.

→ 높은 비율은 높은 상환능력과 동시에 수익성의 저하를 의미할
수 있다.

2) **당좌비율**(quick ratio, acid-test ratio)

(1) 개념: 단기채무의 상환능력을 평가하는 수단으로 유동비율보
다는 보수적인 수단이다. 현금화의 속도가 늦고 불확실성이
높은 재고자산을 차감 당좌자산을 이용한다. 경기변동에 민감
한 재고자산이나 진부화 속도가 빠른 재고자산의 유동성 파악
시 매우 효과적이다.

(2) 관심: 단기신용제공자의 최대관심거리

(3) 비율:

$$당좌비율 = \frac{당좌자산}{유동부채} = \frac{유동자산 - 재고자산}{유동부채}$$

(4) 해석: 당좌비율이 높을수록 단기채권자의 안전도가 높은 것을
의미하며 통념적으로 100% 이상이면 안전하다고 본다.

[함께 생각하기]

유동비율과 당좌비율 간의 함수관계가 다른 기업의 경우는 어떻
게 해석해야 할까요? 예를 들면, 유동비율은 양호한데 당좌비율은

불량한 경우는?

→ 유동비율은 양호한데 당좌비율이 불량하다는 것은 재고자산에 대한 과다한 투자를 의미하게 되므로 이에 대한 추가적인 분석이 요구된다.

3) **순운전자본 구성비율**(component ratio of net working capital)

(1) 개념: 단기채무의 상환능력을 평가하는 수단으로 순운전자본(유동자산-유동부채)을 총자본에 대비시켜서 봄으로써 단기성 부채 충당 후 얼마의 여유가 있는가를 측정함으로써 유동성 비율 중에서도 기업의 부실 예측에 도움을 주는 비율로 평가된다.

(2) 관심: 단기신용제공자, 주식투자자의 관심거리

(3) 비율:

$$\text{순운전자본 구성비율} = \frac{\text{순운전자본}}{\text{총자본}} = \frac{\text{유동자산} - \text{유동부채}}{\text{총자본}}$$

(4) 해석: 유동비율이 높을수록 단기채권자의 안전도가 높은 것을 의미하며 낮을수록 기업이 부실함을 의미한다.

4) **방어기간**(defensive interval)

(1) 개념: 준현금과 같은 당좌자산이 일상적인 영업비용의 지출을 얼마간 충당할 수 있는 규모인지를 파악하는 것으로 지급능력을 표시하는 동태적인 유동성 비율이다.

(2) 관심: 단기신용제공자의 관심거리

(3) 비율:

$$방어기간 = \frac{유동자산 - 재고자산}{(매출원가 + 판매비와일반관리비 - 감가상각비)/365일}$$

$$= \frac{현금, 예금, 유가증권, 매출채권의합}{1일평균현금지출비용}$$

(4) 해석: 방어기간 비율이 높을수록 안정적임을 의미하기에 단기 채권자의 안전도가 높은 것을 의미하고, 낮을수록 기업이 안 정적이지 못함을 의미한다.

1.2. 유동성 평가

[심화학습]

아래 제시된 A기업과 B기업을 이용하여 두 기업에 대한 유동성 을 평가해보시오.

<표 3-1> A기업과 B기업의 재무비율

비율	A기업			B기업		
	2006	2007	2008	2006	2007	2008
유동비율	173.5	168.4	133.9	79.8	77.5	74.0
당좌비율	102.9	87.9	82.0	38.5	40.0	50.5
방어기간	73.7	68.5	99.3	41.5	45.2	70.0

① A, B 기업 모두 유동비율, 당좌비율이 모두 낮은 편이다.

② A기업의 유동성 비율은 B기업에 비하여 상대적으로 양호함을 보이고 있다.

③ A기업의 유동비율은 감소하는 경향, B기업의 유동비율도 감소하는 경향을 보이고, A기업은 당좌비율의 감소, B기업은 당좌비율의 증가로 상대적으로 B기업의 재고자산의 감소폭이 큰 것으로 분석된다.

④ 동태적인 분석의 관점에서 A, B 기업 모두 2008년의 경우는 방어기간이 길어져서 자금사정이 호전되었음을 보이고 있다.

2. 국제기업의 생산성 분석

▶ 생산성 비율(productivity ratios)은 기업경영활동에 투입되는 노동, 자본 등 여러 생산요소가 달성하는 경영능률과 성과배분의 합리성을 분석하는 비율이다. 즉, 생산 능률성을 측정하는 방법이다.

▶ 생산성 비율은 생산요소 투입 대비 산출의 비율로 산정한다.

▶ 생산성 비율은 부가가치비율, 자본생산성 비율, 노동생산성 비율 등이 있다.

▶ 생산성 비율의 측량방법

① 단위기준(물량, 금액에 따라): 물적생산성, 금액생산성

② 생산요소별: 노동생산성, 자본생산성

③ 최근 경향: 부가가치 기준

2.1. 부가가치율(value added ratio)

1) 개념: 일정기간 동안에 창출된 부가가치액을 동기간 동안의 매출액으로 나누어 계산한 비율로서, 매출액 중에서 생산요소 제공자에게 귀속되는 비율을 의미한다.

[함께 논의하기]

부가가치란 기업이 생산활동을 한 결과 새로이 창출한 가치를 의미한다. 즉, 특정 생산단계에서 새로이 창출된 가치를 의미한다. 부가가치를 측정하는 방법은 감산법과 가산법이 있다.

① 감산법(생산 측면의 접근법)

부가가치=매출액－(재료비+부품구입비+외주가공비...)

② 가산법(분배 측면의 접근법)

부가가치=순이익+인건비(급료+상여+퇴직금+복리후생비...)+
금융비용(이자비용)+임차료(부동산임차료)+세금, 감가상각비

2) 관심: 경영자

3) 비율:

$$부가가치율 = \frac{부가가치액}{매출액}$$

$$부가가치율 = \frac{순이익}{매출액} + \frac{인건비}{매출액} + \frac{임차료}{매출액} + \frac{이자비용}{매출액} + \frac{세금및제공과금}{매출액}$$

4) 해석: 부가가치율이 높다는 것은 매출액 단위당 생산요소제공자가 창출한 가치가 큼을 의미한다. 즉 매출액 단위당 경영능률을 나타낸다.

5) 주의: 부가가치액은 통합도가 높아지면 높아지게 되어 있다.

2.2. 자본생산성 비율(capital productivity)

1) 개념: 생산요소인 투자자본의 단위당 경영능률을 측정하는 비율로서, 기업에 투하된 자본 1단위당 얼마만큼 부가가치액을 창출하였는가를 나타내는 비율이다.

2) 관심: 경영자

3) 비율:

$$총자본투자효율 = \frac{부가가치}{총자본}$$

$$설비투자효율 = \frac{부가가치}{유형자산 - 건설중인자산}$$

4) 해석: 총자본투자효율의 경우, 비율이 높으면 높을수록 총자본이 효율적으로 운영되었음을 시사하고, 설비투자효율의 경우, 비율이 높으면 높을수록 설비자산(유형자산 - 건설 중인 자산)이 효율적으로 운영되었음을 시사한다.

2.3. **노동생산성 비율**(labor productivity)

1) 개념: 생산요소 중에서 가장 중요한 구성요소 중의 하나인 인
   적자원(man power)의 생산성을 측정하는 방식으로 노동력의
   단위당 성과를 나타내는 지표를 의미한다.
2) 관심: 경영자
3) 비율:

$$\text{종업원 1인당 부가가치} = \frac{\text{부가가치}}{\text{종업원수}}$$

$$= \frac{\text{매출액}}{\text{종업원수}} \times \frac{\text{부가가치}}{\text{매출액}}$$

(1인당 매출액) ×(부가가치율)

4) 해석: 1인당 부가가치가 높을수록 노동력이 효율적으로 이용되
   어 보다 많은 부가가치를 창출하였다는 의미로서 노동경쟁력
   이 우수함을 의미한다.

[요점정리]

1. 유동성 비율은 기업의 단기채무에 대한 변제능력이나 자금사정
   에 대한 정보를 제공해준다. 유동성(liquidity)이란 현금화할 수
   있는 능력(가능성)을 의미하며, 주로 1년 이내에 현금화가 가능
   한 유동자산과 1년 이내에 변제를 필요로 하는 유동부채를 이
   용한 비교를 많이 사용한다.

2. 생산성 비율(productivity ratios)은 기업경영활동에 투입되는 노동, 자본 등 여러 생산요소가 달성하는 경영능률과 성과배분의 합리성을 분석하는 비율이다. 즉, 생산 능률성을 측정하는 방법이다.

[참고문헌]

강영수, 『기업재무전략』, 한솜미디어, 2013.
강호상, 『국제기업재무론』, 법문사, 1996.
김영래, 『글로벌경영』, 법문사, 2009.
민상기·정창영, 『글로벌 재무전략』, 명지사, 2012.
박영규, 『글로벌파이낸스』, 삼영사, 1999.
박종원, 『재무관리전략』, 21세기북스, 2011.
이장로·신만수, 『국제경영』, 무역경영사, 2010.
임태순, 『경영학의 이해』, 한국학술정보(주), 2012.
임태순, 『재무관리의 이해(공저)』, 법문사, 2012.
임태순, 『주식시장과 투자』, 한국학술정보(주), 2011.
임태순, 『핵심재테크』, 이담북스, 2010.
임태순, 『금융시장』, 한국학술정보(주), 2010.
전용욱·김주헌·윤동진, 『국제경영』, 문영사.

[학습목표]

1. 국제기업의 수익성 분석을 하는 방법과 이를 해석하는 방법에 대해 학습한다.
2. 국제기업의 성장성분석을 하는 방법을 학습한다.

제4장 국제기업의 수익성과 성장성

[들어가기]

월가의 영웅 피터 린치[5]

피터 린치(Peter Lynch)는 월스트리트 역사상 가장 성공한 펀드매니저로 꼽히는 인물이다. 국내에서도 번역된 책을 통하여 그의 투자철학

이 여러 차례 소개되었다. '월가의 영웅'이란 칭송을 받는 그는 피델리티투자회사(Fidelity Investment)의 마젤란펀드를 13년간 연평균 29.2%의 기록적인 투자수익률을 유지하면서 세계 최대의 뮤추얼펀드로 키워냈다.

보통의 펀드매니저들과 그가 달랐던 점은 발로 뛰면서 얻는 정보

---

5) 임태순, 『핵심재테크』, 이담북스, 2010, p.145 글 발췌

가 진짜 정보란 소신대로 기업방문에 많은 시간을 할애했다. 방문을 통하여 기업의 투자정보를 수집하고 기업 CEO들과의 만남을 통하여 기업을 분석했다. 이런 노력의 결과가 13년 동안 투자원금 대비 27배의 경이로운 투자수익률을 달성하여 투자자에게 과실을 나눠줄 수 있었다.

미국 전역에 걸쳐 그의 명성이 자자해지자 그의 펀드에 투자를 하려는 투자금이 주체할 수 없을 정도로 밀려와 투자한 주주만 100만 명을 넘었고, 투자금액이 커지다 보니 투자종목 수도 점차 불어났다. 마침내 투자자금이 워낙 커지다 보니 그 많은 돈으로 시장에서 우량주에만 투자하는 것 자체가 불가능할 정도까지 이르렀다.

그는 47세에 '가족과 함께 시간을...'이란 변을 남기고 은퇴하여 앞으로도 쉽게 깨지기 어려운 수익률을 달성한 '월가의 영웅'으로 남게 되었다.

1. 국제기업의 수익성 분석

수익성 비율은 투자자본에 대한 영업성과를 측정하는 분석의 도구이며, 아울러 기업 차원에서 비용을 제외하고 이익을 창출해낼 수 있는 능력을 파악하는 자료라고 할 수 있다. 즉 채권자(bondholder)나 주주(stockholder)로부터 조달된 자금이 소요되어 얼마만의 영업성과를 거두었는가를 나타내며 수익성 비율은 경영자(manager), 채권자(bondholder), 주주(stockholder), 근로자(worker)뿐만 아니라 정부(government) 등 기업의 이해관계자 모두가 관심을 가지는 항목이다.

$$투자수익률(ROI) = \frac{투자이익}{투자자본}$$

1.1. 총자산이익률(ROA: Return On Asset)

1) 개념: 총자산이익율은 회계적 이익을 총자산으로 나눈 비율로서 기업에 조달된 총자산에 대한 투자효율성을 평가하는 지표이다.
2) 관심: 정부, 채권자, 주주, 경영자, 근로자
3) 비율:

$$총자산영업이익률 = \frac{영업이익(EBIT)}{총자산}$$

$$총자산순이익률 = \frac{순이익(EAT)}{총자산}$$

4) 해석: 총자산영업이익률이나 총자산순이익률 모두 높은 비율일수록 투자효율성이 높은 것을 의미하며, 영업활동의 측면에서는 총자산영업이익률이 중시되는 경향이 있다.

[함께 생각하기]

재무적인 효율성이 저하된 기업의 경우, 총자산영업이익율과 총자산순이익률 사이에 어떤 관계가 성립할까요?

→ 재무적인 효율성이 저하된 기업은 이로 인한 비효율적인 이자비용 등으로 인해 순이익이 줄어듦으로써 총자산순이익률의 비율이 총자산영업이익률에 못 미치는 괴리현상을 보일 것이다.

5) 변형(미국의 듀폰사에 의해 개발)

매출액순이익률 × 총자산회전율 = 총자산이익률(ROA)

$$\frac{순이익}{매출액} \times \frac{매출액}{총자산} = \frac{순이익}{총자산}$$

1.2. **자기자본순이익률**(ROE: Return On Equity)

1) 개념: 자기자본순이익률은 ROE비율이라고 하는데, 이는 자기
   자본에 대한 투자수익률을 나타낸다.
2) 관심: 주주(수익성의 지표)
3) 비율:

$$자기자본순이익률 = \frac{순이익}{자기자본}$$

4) 해석: 자기자본순이익률이 높으면 주주들에게 호평을 받을 것
   이고, 낮게 되면 주주들의 외면을 받게 될 것이다.

[함께 생각하기]

왜 자기자본순이익률이 중시될까요?
→ 주주의 입장에서 배당의 우선순위가 다르기 때문이다.
① bondholder ② 우선주 주주 ③ 보통주 주주

1.3. 경영자산영업이익률(operating profits to operating assets)

1) 개념: 영업이익을 경영자산으로 나눈 것으로서, 직접 영업활동에 투하된 자산의 수익성을 측정하는 비율이다. 경영자산은 기업의 총자산에서 비업무용 부동산, 건설 중인 자산 등과 같은 비경영자산을 제외한 자산이다. 재벌그룹과 같은 비경영자산을 많이 보유한 회사에 대한 영업실적의 평가에 유용하다.

2) 관심: 주주, 경영자

3) 비율:

$$경영자산영업이익률 = \frac{영업이익}{경영자산}$$

4) 해석: 경영자산영업이익률이 높을수록 긍정적인 해석을 할 수 있다.

1.4. 매출액이익률(ROS: return on sales)

1) 개념: 매출액에 대한 이익률을 대비시켜서 구하는 비율로서 매출액순이익률과 매출액영업이익률 등이 있다.

2) 관심: 경영자의 영업분석

3) 비율:

$$매출액영업이익률 = \frac{영업이익}{매출액}$$

$$매출액순이익률 = \frac{당기순이익}{매출액}$$

4) 해석: 매출액이익률이 높을수록 경영자의 높은 영업실적을 의미한다.

5) 변형:

$$매출액영업이익률 = \frac{영업이익}{매출액} = \frac{매출총이익}{매출액} \times \frac{영업이익}{매출총이익}$$

영업효율성=생산효율성×경영효율성(ROA)

1.5. 수지비율

1) 개념: 총관리비용의 효율성을 확인하는 비율이다.
2) 관심: 영업의 효율성을 파악하기 위한 경영자
3) 비율:

$$수지비율 = \frac{총비용}{총수익}$$

4) 해석: 낮을수록 효율적인 조직을 의미한다.

2. 국제기업의 성장성 분석

▶ 성장성 비율(growth ratios)은 일정기간 동안 기업의 경영성과를 측정하는 비율이다.

▶ 성장성 비율은 총자산, 매출액 또는 순이익의 증가율로 측정한다.

▶ 성장성 비율은 성장잠재력, 미래 수익발생능력이나 시장에서의 경쟁적 지위 등과 관련된 정보를 제공해준다.

▶ 성장성 비율에서 주의할 점

① 명목증가율이므로 인플레이션을 감안할 것: 디플레이터 (deflator) 이용

② 성장성(수익성)과 유동성의 조절문제

③ 제품의 생명주기(PLC)와 관련된 종합사고의 필요성

2.1. 매출액증가율(sales growth ratio)

1) 개념: 기업의 외형적인 신장세를 나타내는 대표적인 비율로서 당기의 매출액증가분을 전기의 매출액으로 나눈 비율이다.

2) 관심: 경영자

3) 비율:

$$매출액증가율 = \frac{당기매출액 - 전기매출액}{전기매출액}$$

4) 해석: 매출액증가율이 높을수록 기업의 외형적인 신장세와 시장에서의 위치가 증대됨을 나타낸다.

5) 주의: 매출액증가에 대한 원인분석이 요구된다.

(1) 매출액 증가는 시장창조(market creation)의 경우와 시장점유율(market share)의 증대에 기인한다.

(2) 판매단가로 인한 증가인 경우는 상대적으로 시장에서의 위치

를 약화시킬 우려가 있다.

2.2. 총자산증가율(total asset growth ratio)

1) 개념: 일정기간 동안의 총자산증가분을 기초의 총자산으로 나
   눈 것으로 기업의 외형적인 규모의 신장을 나타내는 비율이다.
2) 관심: 경영자
3) 비율:

$$총자산증가율 = \frac{기말총자산 - 기초총자산}{기초총자산}$$

4) 해석: 총자산증가율이 높을수록 기업의 외형적인 규모가 신장
   되었음을 의미한다.
5) 주의:
(1) 자산에 대한 과다투자: 총자산증가율 > 매출액증가율
(2) 자산재평가로 인한 왜곡

2.3. 순이익증가율(net profit growth ratio)

1) 개념: 기업활동의 최종성과인 순이익이 전기에 비해 증가한 정
   도를 측정하는 지표이다. 순이익증가율은 정상적인 영업활동의
   성과인 경상이익뿐 아니라, 특별손익을 모두 반영한 총괄적인
   경영성과의 변화율을 나타낸다.
2) 관심: 경영자, 주주

3) 비율:

$$순이익증가율 = \frac{당기순이익 - 전기순이익}{전기순이익}$$

$$경상이익증가율 = \frac{당기경상이익 - 전기경상이익}{전기경상이익}$$

$$주당순이익성장률 = \frac{당기\mathit{EPS} - 전기\mathit{EPS}}{전기\mathit{EPS}}$$

4) 해석: 순이익증가율이 높을수록 기업의 성장성이 긍정적임을, 경상이익증가율이 높을수록 정상적인 영업성과의 활동이 긍정적임을, 주당순이익성장률이 높을수록 투자자에게 미래의 이익발생에 대한 긍정적인 전망을 준다.

2.4. 효과적인 성장성 분석방법: 매트릭스 분석

1) 매출액증가율(Y축)과 순이익증가율(X축)을 대비시켜 분석
   분석: 순이익증가율 > 매출액증가율일 때 긍정적
2) 분석대상산업의 평균매출액증가율(Y축)과 평균순이익증가율(X축)을 대비시킴.
   분석:

<표 4-1> 매트릭스 분석

구 분	외형신장	내실경영
Ⅰ사분면	good	good
Ⅱ사분면	good	bad
Ⅲ사분면	bad	bad
Ⅳ사분면	bad	good

<表 4-2> 매트릭스 분석의 실례[6]

```
              매출액증가율
   II           (+)                           I


                                    평균매출액 증가율
---------------------------------------------------
                                          (+)
                                    순이익증가율

                          평균순이익
   III                    증가율                IV
```

[요점정리]

1. 수익성 비율은 투자자본에 대한 영업성과를 측정하는 분석의
   도구이며, 아울러 기업 차원에서 비용을 제외하고 이익을 창출
   해낼 수 있는 능력을 파악하는 자료라고 할 수 있다. 즉 채권
   자(bondholder)나 주주(stockholder)로부터 조달된 자금이 소요
   되어 얼마만의 영업성과를 거두었는가를 나타내며 수익성 비
   율은 경영자(manager), 채권자(bondholder), 주주(stockholder),
   근로자(worker)뿐만 아니라 정부(government) 등 기업의 이해
   관계자 모두가 관심을 가지는 항목이다.

2. 성장성 비율(growth ratios)은 일정기간 동안 기업의 경영성과

6) 장영광,『경영분석』, 무역경영사, 1999, p.118 참조

를 측정하는 비율이다. 성장성 비율은 총자산, 매출액 또는 순이익의 증가율로 측정한다.

[참고문헌]

강영수, 『기업재무전략』, 한솜미디어, 2013.
강호상, 『국제기업재무론』, 법문사, 1996.
김영래, 『글로벌경영』, 법문사, 2009.
민상기·정창영, 『글로벌 재무전략』, 명지사, 2012.
박영규, 『글로벌파이낸스』, 삼영사, 1999.
박종원, 『재무관리전략』, 21세기북스, 2011.
이장로·신만수, 『국제경영』, 무역경영사, 2010.
임태순, 『경영학의 이해』, 한국학술정보(주), 2012.
임태순, 『재무관리의 이해(공저)』, 법문사, 2012.
임태순, 『주식시장과 투자』, 한국학술정보(주), 2011.
임태순, 『핵심재테크』, 이담북스, 2010.
임태순, 『금융시장』, 한국학술정보(주), 2010.
전용욱·김주헌·윤동진, 『국제경영』, 문영사.

1. 국제기업의 활동성 분석에 대해 학습한다.
2. 국제기업의 레버리지 분석에 대해 학습한다.

제5장 국제기업의 활동성과 레버리지

KMAC '2011년 한국에서 가장 존경받는 기업' 선정[7]

■ 삼성전자가 2011년 한국에서 가장 존경받는 기업으로 선정됐다

포스코, 유한킴벌리, 현대자동차, 유한양행, SK텔레콤은 지난해에
이어 올해도 존경받는 기업 상위권에 이름을 올렸다. 한국능률협회
컨설팅(KMAC)은 21일 '2011년 한국에서 가장 존경받는 기업' 조
사 결과를 발표했다.

한국에서 가장 존경받는 기업은 기업 전체 가치를 종합적으로 평
가하는 조사다. 2004년에 시작해 올해로 8회째를 맞이했다. 조사는
KMAC가 한국적 상황에 맞게 개발한 조사방법론을 바탕으로 30대
기업을 선정하는 'All Star 기업'과 산업별로 존경받는 기업을 선정
하는 '산업별 1위 기업' 두 가지로 진행됐다.

---

7) 출처: ≪매일경제신문≫, 2011년 2월 21일자 기사 내용에서 발췌

■ 어떻게 선정했나?

존경받는 기업 조사는 지난해 10월부터 올해 1월까지 산업계 간부 5,200명, 증권사 애널리스트 230명, 일반 소비자 4,560명 등 총 9,990명을 대상으로 설문조사를 통해 이뤄졌다. 평가 분야는 혁신능력, 주주가치, 직원가치, 고객가치, 사회가치, 이미지가치 등 총 6개 항목이다. 올해는 냉장·냉동육, 신재생에너지, 자동차정비, 사이버 대학, 항공, IT솔루션 등 6개 산업에 대한 신규 조사가 이뤄졌다. 이립 KMAC 경영전략본부장은 "존경받는 기업이 되기 위해서는 지속적인 성장전략과 성과와 연계한 전략적 사회공헌 활동이 필요하며, 이는 경영의 개선 포인트를 짚어내고 업무 효율화를 위한 워크스마트를 추진함과 동시에 꾸준한 커뮤니케이션 활동을 연계했을 때 가능하다"고 조언했다.

한국에서 가장 존경받는 기업		산업별 존경받는 1위 기업	
순위	All Star 기업	산업군	기업
1	삼성전자	섬유(면방직)	일신방직
2	포스코	시멘트	한일시멘트
3	유한킴벌리	타이어	한국타이어
4	현대자동차	가정용보일러	린나이코리아
5	유한양행	냉장/냉동육	하림
6	SK텔레콤	도시가스	삼천리
7	현대중공업	편의점	GS리테일(GS 25)
8	안철수연구소	TV홈쇼핑	GS SHOP
9	LG전자	해운서비스	STX팬오션
10	삼성생명보험	교육서비스	대교
11	LG화학	신용카드	신한카드
12	풀무원	인터넷쇼핑몰	G마켓
13	인천국제공항공사	종합병원	서울아산병원
14	대한항공	콘도미니엄	대명레저산업
15	삼성물산	보증보험	한국주택금융공사
16	삼성에버랜드	IT솔루션	인텔코리아
17	아모레퍼시픽	발전	한국수력원자력
18	삼성증권	건설공기업	한국철도시설공단
19	아시아나항공	연기금운용	국민연금공단
20	신세계	검사검증	교통안전공단
21	한국전력공사	생활가전	삼성전자 생활가전사업부
22	홈플러스	철강	포스코
23	삼성SDS	제약	유한양행
24	기아자동차	통신서비스	SK텔레콤
25	한국쓰리엠	생명보험	삼성생명보험
26	삼성화재해상보험	SOC시설관리	인천국제공항공사
27	신한은행	종합상사	삼성물산
28	웅진코웨이	건설	삼성물산
29	포스코건설	할인점	신세계 이마트
30	두산중공업	은행	신한은행

1. 국제기업의 활동성 분석

▶ 활동성 비율(activity ratios)은 특정자산이 얼마나 효율적으로 이용되는가를 평가하는 재무비율로서, 비율의 계산은 기업의 매출액을 평가하고자 하는 특정자산으로 나누어 회전율로 표시한다.

▶ 활동성 비율은 관리의 효율성 정도를 측정하기에 효율성비율(efficiency ratios), 자산관리비율(asset management ratios), 또는 회전율비율(turnover ratios)이라고도 한다.

▶ 활동성 비율의 시사점
  ① 특정자산이 현금화되는 속도를 시사
  ② 특정자산에 대한 투자의 적정성을 평가
  ③ 기업의 수익성에 미치는 영향분석(회전율과 마진은 陰의 상관관계)

1.1. 매출채권회전율(receivables turnover)

1) 개념: 매출채권이 현금화되는 속도 또는 매출채권에 대한 자산투자의 효율성을 측정하는 수단으로 이용된다.
2) 관심: 경영자

3) 비율:

$$매출채권회전율 = \frac{매출액}{매출채권} = (회)$$

$$평균회수기간 = \frac{1}{매출채권회전율} * 365일 = (일)$$

※ 평균회수기간은 자금이 매출채권에 묶이는 평균일수

4) 해석: 매출채권회전율(평균회수기간)이 높다(낮다)는 것은 매출채권관리가 양호함을 의미할 수 있다.
5) 주의: 낮은 평균회수기간은 거래처 입장에서 보면 결제기간이 빠름을 의미한다.

[함께 풀어봅시다]

우리나라 제과업계를 양분하고 있는 롯데제과와 동양제과의 아래 자료를 가지고 활동성 비율을 구하고 해석해보시오.

(예제 1)

〈표 5-1〉 롯데제과와 동양제과의 자료 (단위: 백만 원)

구분	롯데제과		동양제과	
연도	1996	1999	1996	1999
매출액	372,739	871,439	189,174	452,766
매출채권	71,439	76,786	60,745	82,522
매출채권 회전율	?	?	?	?
평균회수 기간	?	?	?	?

(답)

<표 5-2> 롯데제과와 동양제과의 활동성 비율 (단위: 백만 원)

구분	롯데제과		동양제과	
연도	1996	1999	1996	1999
매출액	372,739	871,439	189,174	452,766
매출채권	71,439	76,786	60,745	82,522
매출채권 회전율	5.2회	11.3회	3.11회	5.48회
평균회수 기간	70일	32일	117일	66일

▶ 1996년 기준으로 롯데제과는 1원의 매출채권을 투자하여 5원 20전의 매출, 동양제과는 1원의 매출채권을 투자하여 3원 11전의 매출

　→ 롯데가 효율적

▶ 회수일의 관점에서도 롯데(70일)가 동양(117일)보다 효율적이나 거래처에 자금압박을 줄 가능성이 존재하므로 윈-윈(win-win) 전략을 수행하기 위해선 전략적 차원에서 목표회수기간의 설정과 수정의 필요성을 검토할 시점

1.2. **총자산회전율**(total asset turnover)

1) 개념: 매출액을 총자산으로 나눈 비율로서 기업보유 전체 자산에 대한 이용효율성을 의미한다. 즉, 총자산 1단위당 실현하는 매출액의 크기를 의미한다.

2) 관심: 경영자

3) 비율:

$$총자산회전율 = \frac{매출액}{총자산} = (회)$$

4) 해석: 총자산회전율이 높을수록 총자산에 대한 효율성이 높은 것을 의미하나, 상품의 마진이 낮을 가능성을 초래할 수 있다. 또한 자산재평가가 이루어진 지 오래된 경우에도 총자산회전율이 높게 나타날 수 있다.

[함께 풀어봅시다]

아래 자료를 가지고 총자산회전율을 구하고 해석해보시오.

(예제 2)

<표 5-3> 롯데제과와 동양제과의 자료 (단위: 백만 원)

구분	롯데제과		동양제과	
연도	1996	1999	1996	1999
매출액	372,739	871,439	189,174	452,766
총자산	583,047	30,623	384,812	492,823
총자산 회전율	?	?	?	?

(답)

<표 5-4> 롯데제과와 동양제과의 총자산회전율 (단위: 백만 원)

구분	롯데제과		동양제과	
연도	1996	1999	1996	1999
총자산 회전율	0.639회	1.049회	0.491회	0.918회

▶ 1996, 1999년 모두 롯데제과가 상대적으로 높은 매출액 효율
성을 유지함. 1999년은 1996년에 비해 두 회사 모두 호전됨.
▶ 롯데제과의 경우, 상품의 마진이 낮을 가능성이 있음.

1.3. **재고자산회전율**(inventory turnover)

1) 개념: 재고자산 1단위당 실현하는 매출액의 크기, 즉 매출액을
재고자산으로 나눈 비율로서 재고자산이 연간 몇 회전하는지
를 나타낸다. 재고자산에 대한 이용효율성을 나타낸다고 볼 수
있다.
2) 관심: 경영자
3) 비율:

$$재고자산회전율 = \frac{매출액}{재고자산} = (회)$$

4) 해석: 재고자산회전율이 높으면 재고자산에 대한 효율성이 높
은 것을 의미하고, 낮으면 재고자산에 과대 투자되고 있어서 자

금이 재고자산에 잠겨있는 기간이 장기화하고 있음을 의미한다.
즉, 기업의 수익성을 악화시키는 요인으로 작용할 수 있다.
5) 주의: 높은 재고자산회전율은 긴급 수요대처에 미흡할 수 있다.
(일본의 JIT 시스템)

[함께 풀어봅시다]

아래 자료를 가지고 재고자산회전율을 구하고 해석해보시오.

(예제 3)

<표 5-5> 롯데제과와 동양제과의 자료 (단위: 백만 원)

구분	롯데제과		동양제과	
연도	1996	1999	1996	1999
매출액	372,739	871,439	189,174	452,766
재고자산	51,277	55,212	23,466	22,060
재고자산 회전율	?	?	?	?

(답)

<표 5-6> 롯데제과와 동양제과의 재고자산회전율

구분	롯데제과		동양제과	
연도	1996	1999	1996	1999
재고자산 회전율	7.26회	15.78회	8.06회	20.524회

1.4. **고정자산회전율**(fixed asset turnover)

1) 개념: 고정자산 1단위당 실현하는 매출액의 크기, 즉 매출액을 고정자산으로 나눈 비율로서 고정자산이 연간 몇 회전하는지를 나타낸다. 즉, 설비자산 규모의 적정성과 고정자산에 대한 이용효율성을 나타낸다.

2) 관심: 경영자

3) 비율:

$$\text{고정자산회전율} = \frac{\text{매출액}}{\text{고정자산}} = (\text{회})$$

4) 해석: 고정자산회전율이 높으면 고정자산에 대한 효율성이 높은 것을 의미하므로, 고정자산(유형, 무형)을 적게 투자하여 상대적으로 높은 매출을 실현하고 있음을 의미한다. 반대로 고정자산회전율이 낮으면 고정자산에 대한 효율성이 낮음을 의미한다.

5) 주의: 고정자산회전율은 높으나 수익성이 낮은 경우는 노후화된 기계를 많이 보유한 경우가 될 수 있다. 즉, 노후화된 기계는 감가상각이 끝나서 장부상의 고정자산이 낮게 책정되기에 높은 고정자산회전율로 나타날 수 있다.

[함께 풀어봅시다]

아래에 제시된 현대자동차회사의 자료를 이용하여 활동성 비율을
평가해보시오.

(예제 4)

<표 5-7> 현대자동차의 활동성 비율

구분	1993		1995	
	현대차	산업평균	현대차	산업평균
총자산회전율	1.21	0.88	1.46	0.99
매출채권회전율	3.72	3.09	5.16	3.95
재고자산회전율	19.23	10.69	21.61	11.30
고정자산회전율	3.91	2.66	4.08	2.57

(답)

▶ 활동성 비율이 산업평균에 비해 전반적으로 양호

▶ 매출채권, 재고자산, 고정자산회전율 등 자산의 효율성이 1996
년의 경우는 1993년에 비해 개선되고 있음.

▶ 이러한 개선으로 인하여 총자산에 대한 효율성(총자산회전율)
도 좋으며 이런 효율적인 자산운용으로 전반적인 수익성도 업
계평균보다 양호한 것으로 사료됨.

2. 국제기업의 레버리지 분석

▶ 레버리지(leverage)비율은 기업경영의 안정성과 장기부채사용에 따른 원리금 상환능력, 즉 채무불이행위험에 관한 정보를 제공해준다.

▶ 유동성 비율이 기업의 단기부채의 상환능력에 관한 정보인 데 반하여 레버리지 비율은 기업의 장기부채지급능력비율이며 기업의 타인자본의존도를 측정하는 비율이다.

▶ 채권자의 입장에서는 채권보존의 안정성을 나타내므로 안정성비율(safety ratio)이라고도 한다.

▶ 이해관계자별 시사점

① 채권자(bondholder): 원리금 상환능력의 척도

② 경영자(manager): 기업 자금조달결정의 지표 - '칵테일의 문제'

③ 레버리지 비율의 증대는 수익이 증대할 가능성도 높아지지만 파산의 위험(default risk)이 증대함에 따른 재무적 위험(financial risk)의 증대를 의미한다.

2.1. 부채비율

1) 개념: 부채비율은 총부채를 자기자본으로 나눈 관계비율을 이용하거나 총부채를 총자산으로 나눈 구성비율을 사용하기도 한다. 전자는 부채비율, D/E 비율(Debt to equity ration), 후자를 부채구성비율, D/A 비율이라고도 한다.

2) 관심: 채권자, 주주, 경영자

3) 비율:

$$부채비율(D/E) = \frac{총부채}{자기자본}$$

$$부채구성비율(D/A) = \frac{총부채}{총자산}$$

4) 해석: 부채비율은 채권자들의 위험부담 정도와 손익확대효과 정도를 평가하는 기초정보로서의 중요성을 지닌다. 부채비율이 높을수록 채권자들의 채권보전의 안전도는 떨어지지만 손익확대효과(leverage effect: 지렛대 효과)가 나타나는 것을 의미한다.

※ 레버리지 비율은 상호 간에 상관관계가 있기 때문에 어느 지표를 사용해도 상관성을 가지므로 이용자의 편의에 따라 결정 가능함.

5) 주의

(1) 시장가격(market value) 기준이냐, 장부가격(book value) 기준이냐?

(2) 계정의 범주문제: 부채를 순수이자지급부채만 할 것인가? 아니면 이자를 지급하지 않는 부채(미지급금)까지 할 것인가?

(3) 회계적 기준이냐? 실질적 기준이냐? (예) 자회사의 채무보증은?

2.2. 이자보상비율(TIE: times interest earned 또는 interest coverage ratio)

1) 개념: 이자지급능력을 나타내는 비율로서 영업이익(EBIT)과 감가상각비의 합을 이자비용으로 나누어 구한다. 즉 영업활동으로 얻어지는 현금흐름이 이자비용의 몇 배까지 커버할 수 있는가를 재는 척도이다. 통상적으로 미국의 경우는 5배 수준이상을 적정수준으로 받아들인다.

2) 관심: 채권자, 주주, 경영자

3) 비율:

$$이자보상비율 = \frac{영업이익\,(EBIT) + 감가상각비}{이자비용}$$

4) 해석: 높은 이자보상비율은 영업활동의 결과로 얻어지는 영업이익이 양호함으로써 타인자본의 사용으로 인하여 발생되는 이자비용이 부담이 되지 않는 것을 의미한다.

2.3. 현금흐름 대 자본지출비용

1) 개념: 영업활동의 결과 창출되는 영업이익은 원리금 상환뿐만 아니라 신규투자의 투자자금으로도 사용될 수 있다. 특히 성장기업의 경우는 신규투자의 자금조달의 원천으로 내부자금인 영업이익을 사용하여 원리금상환에 부담을 줄 수 있기에 현금흐름 대 자본지출비용의 비율을 레버리지 비율의 척도로 이용

하기도 한다.

2) 관심: 채권자, 주주, 경영자

3) 비율:

$$현금흐름\ 대\ 자본지출비율 = \frac{현금흐름}{자본지출액}$$

4) 해석: 현금흐름 대 자본지출비용의 비율이 높을수록 부채상환 능력이 양호한 것으로 해석된다.

2.4. 고정비율(fixed ratio)

1) 개념: 고정비율은 자본조달의 조달(source)과 운용(use) 사이의 균형관계를 보아서 균형관계를 간접적으로 판단하는 비율로서 장기적인 자금이 고착되는 고정자산을 장기성 자금인 자기자본으로 나누어 구한 비율이다.

2) 관심: 채권자, 주주, 경영자

3) 비율:

$$고정비율 = \frac{투자자산 + 유형자산 + 무형자산}{자기자본}$$

4) 해석: 고정비율은 비율이 낮을수록 안정성이 있다고 판단할 수 있다.

[요점정리]

1. 활동성 비율(activity ratios)은 특정자산이 얼마나 효율적으로 이용되는가를 평가하는 재무비율로서, 비율의 계산은 기업의 매출액을 평가하고자 하는 특정자산으로 나누어 회전율로 표시한다.

2. 레버리지(leverage) 비율은 기업경영의 안정성과 장기부채사용에 따른 원리금상환능력, 즉 채무불이행위험에 관한 정보를 제공해준다. 레버리지 비율은 기업의 장기부채지급능력비율이며 기업의 타인자본의존도를 측정하는 비율이다.

[참고문헌]

강영수,『기업재무전략』, 한솜미디어, 2013.
강호상,『국제기업재무론』, 법문사, 1996.
김영래,『글로벌경영』, 법문사, 2009.
민상기·정창영,『글로벌 재무전략』, 명지사, 2012.
박영규,『글로벌파이낸스』, 삼영사, 1999.
박종원,『재무관리전략』, 21세기북스, 2011.
이장로·신만수,『국제경영』, 무역경영사, 2010.
임태순,『경영학의 이해』, 한국학술정보(주), 2012.
임태순,『재무관리의 이해(공저)』, 법문사, 2012.
임태순,『주식시장과 투자』, 한국학술정보(주), 2011.
임태순,『핵심재테크』, 이담북스, 2010.
임태순,『금융시장』, 한국학술정보(주), 2010.
전용욱·김주헌·윤동진,『국제경영』, 문영사.
≪매일경제신문≫, 2010년 11월 10일자 기사 내용.
이미지 출처: 전용욱 외 2인,『국제경영』, 문영사, p.490.

1. 국제기업의 주식관련분석에 대해 학습한다.
2. 국제기업의 종합분석에 대해 학습한다.

제6장 국제기업의 기타분석

[들어가기]

기업銀, 직원 생산성 시중은행 최고[8]

　작년 시중은행 가운데 기업은행 직원들의 생산성이 가장 높은 것으로 파악됐다. 21일 은행권에 따르면 작년 신한은행의 당기순이익은 1조 6,484억 원으로 은행권에서 가장 많았다. 그룹 최고경영진 간 내분에도 불구하고 영업력이 강화되면서 전년 대비 120.2% 증가했다. 2009년 말 40%였던 은행부문의 이익기여도는 작년 말 52%로 높아졌다. 하지만 직원 1인당 생산성은 상대적으로 직원 수가 적은 기업은행이 국민, 신한, 우리, 하나 등 5개 시중은행 가운데 1위를 차지했다. 금융감독원 공정공시에 따르면 기업은행은 작년 9월 말 정규직원 수가 7,138명으로 신한은행의 1만 678명보다 3,540명 적었다.

　이에 따라 작년 순익을 정규직원 수로 나눈 생산성은 기업은행이

---

8) 출처: ≪한국경제신문≫, 2011년 2월 21일자 기사 내용

약 1억 8,100만 원으로 신한은행의 약 1억 5,400만 원을 웃돌았다. 하나은행은 약 1억 1,800만 원으로 3위를 차지했고 우리은행은 약 8천만 원을 기록해 1억 원에 못 미쳤다.

정규직원 수가 가장 많은 국민은행은 전년대비 약 6천억 원 늘어난 대손충당금과 6,525억 원의 희망퇴직 관련 비용 등으로 작년 실적이 가까스로 흑자를 유지하면서 1인당 생산성도 약 100만 원에 그쳤다.

대표적인 수익성 지표인 순이자마진(NIM)의 경우 국민은행이 2.77%를 기록하면서 기업은행과 공동 1위를 차지했고, 우리은행과 하나은행은 2.22%와 2.21%, 신한은행은 2.13%였다.

건전성 지표인 고정이하여신 비율은 신한은행이 1.31%로 가장 우수했고 하나은행이 1.5%로 뒤를 이었다. 국민은행과 기업은행은 각각 1.79%와 1.83%였으며 우리은행은 3.24%로 신한은행의 2배를 웃돌았다.

대출 연체율도 신한은행이 0.48%로 가장 낮았고 하나은행과 기업은행은 각각 0.54%와 0.67%를 기록했다. 우리은행과 국민은행은 0.99%와 1.0%로 비슷했다.

1. 국제기업의 주식관련분석

▶ 주식관련비율은 주로 증권시장에서 형성되는 보통주의 가격과 회계수치를 대응하여 작성된 비율로서, 기업의 수익가치나 자산가치에 대한 증권시장에서의 평균수준을 나타내는 비율이다.

▶ EPS, PER, PBR, Q-ratio 등이 있다.

▶ 주식가격이 기업의 수익성과 위험을 종합적으로 반영하고 있으며, 기업의 실질적 가치를 가장 잘 반영하고 있기에 유용한 정보를 제공하고 있다.

▶ 평가
① 재무비율에서 얻을 수 없는 정보를 제공
② 비상장기업 분석의 한계점

1.1. EPS(주당순이익)

1) 개념: 순이익을 주식 수(outing standing share)로 나눈 비율로서, 한 주당의 순이익을 의미한다. 기술적으로는 당기순이익에서 우선주 배당금을 제외한 금액을 전체 주식 수로 나눈다.

2) 관심: 주주, 경영자

3) 비율:

$$EPS = \frac{\text{당기순이익} - \text{우선주배당금}}{\text{총주식수}}$$

4) 해석: 주당순이익이 높을수록 주주들의 배당이 높아질 수 있으므로 주가에 긍정적인 영향과 함께 기업의 영업활동이 긍정적임을 신호효과(signalling effect)할 수 있다.

5) 주의: 수익성과 EPS 문제

[함께 논의하기]

기업의 수익성과 EPS는 관련이 있을까요?

수익성과 EPS가 다르게 나타나는 경우는 없을까요? 있다면 어떤 경우가 될까요?

(수익성 ↑, EPS ↓)

① 물타기 효과(희석효과: dilution): CB, BW, 전환우선주

② 배당성향이 달라서 이익금이 사내유보(retained earning)의 경우

1.2. 주가수익배수(PER: price-earing ratio)

1) 개념: PER는 P/E ratio라고도 하는데, 주식의 시장가격을 주당순이익(EPS)으로 나눈 값이다. 의미는 주식의 현재 시장가격이 주당순이익의 몇 배에 해당하는가를 측정하는 비율이다.

2) 관심: 주주

3) 비율:

$$PER = \frac{주식의 시장가격}{주당순이익(EPS)}$$

4) 해석: PER는 기업의 수익성, 성장성, 위험성 등을 총체적으로 반영한 지표로서 높을수록 기업의 미래가 긍정적임을 암시한다.

5) 주의: 높은 PER와 낮은 PER

[함께 논의하기]

　Mr. 투자가는 주식을 매수하려고 합니다. 높은 PER의 주식을 사
야 할까요? 아니면 낮은 PER의 주식을 사야 할까요?
　(PER ↑)
　① 긍정적인 전망(유망산업)
　② 과대평가(over-value)

1.3. **주당순자산비율**(PBR)

　1) 개념: 주당순자산비율(PBR: price to book value ratio)은 "P/B
　　ratio"라고도 하며, 주가를 주당순자산으로 나눈 비율이다.
　2) 관심: 주주
　3) 비율:

$$PBR = \frac{주가}{(총자산 - 총부채)/발행주식수}$$

　4) 해석: 높을수록 수익성 전망이 좋고, 기업운용이 효율적임을
　　암시한다.

1.4. q-**비율**

　1) 개념: q-비율은 토빈(Tobin)이 제창하였기에 "토빈의 q-비율"
　　이라고도 한다. 기술적으로는 증권시장에서의 시장가격을 대

체원가(장부가치)로 나누어서 구한다.

2) 관심: 주주

3) 비율:

$$q\text{-비율} = \frac{\text{자산의시장가격}(\text{증권시장})}{\text{자산의대체원가}(\text{실물시장})}$$

4) 해석: 비율은 두 시장의 괴리 정도를 나타내며, 기업의 성장전
략에서 진출(내부개발)과 기존업체의 인수(M&A)전략을 수립
할 때에도 많이 이용한다.

2. 국제기업의 종합분석

▶ 종합지수는 경영성과나 재무상태를 종합점수화하는 방법으로
월과 트랜트 식이 있다.

▶ 원형도표법은 공간적으로 구성이 되어서 비교를 용이하게 하
는 장점이 있다.

2.1. 종합지수법

<표 6-1> 종합지수법 비교 (단위: %)

재무비율	Wall의 가중치	Trant 가중치
유동비율	25	15
부채비율	25	10
고정비율	15	10
매출채권회전율	10	10

재고자산회전율	10	20
고정자산회전율	10	20
자기자본회전율	5	-
매입채무회전율	-	15

2.2. 월(Alexander Wall)법

1) 1910년에 월에 의해 개발된 방식이다.
2) 동태비율보다는 정태비율을 중시하는 종합지수법이다.
   (예) 유동비율은 25% 가중치, 회전율은 5~10%의 가중치

2.3. 트랜트(J. B. Trant)

1) 트랜트에 의해 개발된 방식이다.
2) 동태비율(회전율)을 중시하는 종합지수법이다.
   (예) 회전율은 20% 가중치, 유동비율, 부채비율은 15%, 10%의 가중치

2.4. 평가

1) 종합적인 계수화로 평가가 용이하다.
2) 가중치의 타당성에 대한 논란의 여지가 있다.

2.5. 원형도표법

1) 원형도표법(radar chart method)은 경영상태를 표시하는 기본적 요소를 수익성, 안정성, 활동성, 유동성, 성장성으로 결정하고 각 요소를 평가할 수 있는 관계비율을 선택하여 기입함으로써 상호 비교할 수 있고, 경영 상태에 대한 종합적인 평가가 가능한 방법이다.[9]

2) 작성

(1) 외원, 중원, 내원을 작성한다.

(2) 외원은 이상적인 비율을 설정한다.

(3) 예:

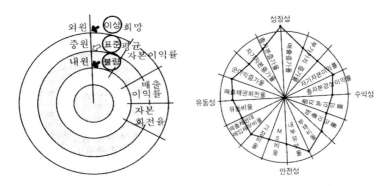

<그림 6-1> 원형 도표법 작성 예[10]   <그림 6-2> 원형 도표 실례[11]

9) 출처: 이건희, 『재무분석』, 학문사, 1999, p.190.

10) 이미지 출처: 이건희, 『재무분석』, 학문사, 1999, p.193.

11) 이미지 출처: 이건희, 『재무분석』, 학문사, 1999, p.197.

3) 평가

(1) 일목요연하게 시각성을 제공해주므로 평가하는 데 편리하다.

(2) 현황을 안전성, 수익성, 성장성, 경제성의 요소로 구분하여 쉽게 분석하는 데 용이하다.

[요점정리]

1. 주식관련비율은 주로 증권시장에서 형성되는 보통주의 가격과 회계수치를 대응하여 작성된 비율로서, 기업의 수익가치나 자산가치에 대한 증권시장에서의 평균수준을 나타내는 비율이다. EPS, PER, PBR, Q-ratio 등이 있다.

2. 종합지수는 경영성과나 재무상태를 종합점수화 하는 방법으로 월과 트랜트 식이 있다.

3. 원형도표법(radar chart method)은 경영 상태를 표시하는 기본적 요소를 수익성, 안정성, 활동성, 유동성, 성장성으로 결정하고 각 요소를 평가할 수 있는 관계비율을 선택하여 기입함으로써 상호 비교할 수 있고, 경영 상태에 대한 종합적인 평가가 가능한 방법이다.

[참고문헌]

강영수, 『기업재무전략』, 한솔미디어, 2013.

강호상, 『국제기업재무론』, 법문사, 1996.

김영래, 『글로벌경영』, 법문사, 2009.

민상기·정창영, 『글로벌 재무전략』, 명지사, 2012.

박영규, 『글로벌파이낸스』, 삼영사, 1999.

박종원, 『재무관리전략』, 21세기북스, 2011.

이장로·신만수, 『국제경영』, 무역경영사, 2010.

임태순, 『경영학의 이해』, 한국학술정보(주), 2012.

임태순, 『재무관리의 이해(공저)』, 법문사, 2012.

임태순, 『주식시장과 투자』, 한국학술정보(주), 2011.

임태순, 『핵심재테크』, 이담북스, 2010.

임태순, 『금융시장』, 한국학술정보(주), 2010.

전용욱·김주헌·윤동진, 『국제경영』, 문영사.

≪매일경제신문≫, 2010년 11월 10일자 기사 내용

이미지 출처: 『국제경영』, 전용욱 외 2인, 문영사, p.490.

국제기업의 재무시장

[학습목표]

1. 환율의 개념, 의의, 표시방법에 대해 살펴본다.
2. 외환시장이 어떻게 형성되는가를 살펴본다.
3. 선도환거래에 대해서 알아보고 현물환과의 차이점을 이해하는 데 주안
   점을 둔다.

제7장 환율·외환시장·선도환

[들어가기]

[투자 이야기] 워런 버핏[12]

 세계적인 투자자요, 동시에 세계적 갑부인 워런 버핏(Warren Edward Buffett)은 우리나라에서도 저서나 매스컴과 같은 여러 채널을 통하여 이미 잘 알려진 인물이다. 더욱이 금융관련 지식에 관심이 높은 독자층에서는 '투자의 귀재'로 알려진 워런 버핏에 대해 너무 잘 알고 계시리라 추측이 되기 때문에 이곳에선 투자와 함께 살아온 워런 버핏의 삶과, 투자부문과 사회환원 부문에 한정지어 살펴보고자 한다.

---

12) 출처: 임태순, 『핵심재테크』, 이담북스, 2010, p.92.

워런 버핏은 세계 최고의 갑부란 사실만으로도 그의 일거수일투족이 세인들의 주목을 받기에 충분하지만, 2006년 그는 자신이 소유한 자산의 85% 이상을 기부한다는 발표를 하여 세인(世人)들을 다시 놀라게 한 적이 있다. 11살부터 주식투자를 시작한 그는 26살이 되던 해에 고향인 네브라스카의 조그만 도시인 오마하에서 투자회사를 설립하고 6년 후인 32살에 이미 자신의 순자산이 100만 달러가 넘는 백만장자가 되었다. 그 후 그는 사업 수완을 발휘하여 방직회사, 투자회사, 백화점, 보험회사를 차례로 인수하면서 사업영역을 넓혀나갔고 동시에 부도 일궈나갔다.

마침내 2007년 말에 620억 달러, 한화로 약 62조 원(이해를 돕기 위해 1달러=1,000원으로 환산한 값임)으로 세계 최고의 갑부에 등극했다. 버핏의 투자비결은 가치(value)투자로 유명하다. 즉, 자신이 이미 잘 알고 있는 회사에 한정하여 내재가치보다 주가가 저평가되었을 때만 투자하는 것으로 유명하다.

1. 환율

1.1. 환율의 개념

환율(Foreign Exchange rate 또는 Fx rate)이란 상대가 되는 국가에서 사용하는 화폐와의 교환비율을 의미한다(exchange rate between two currency). 즉, 한 나라 통화 1단위에 대한 다른 나라 통화의 교환비율이다.

1.2. 환율의 표시법

1) 직접법: 외국통화 한 단위의 가치를 자국통화로 표시하는 방식.

   한화 1,300원=미화 1달러

2) 간접법: 직접법의 역수로서 자국통화 한 단위에 대한 외국통화
   의 가치를 표시하는 형식.

   한화 1원=미화 1/1,300달러

1.3. 환율의 고시

[quotation] on the phone(전화 통화에서), 만약 현재 거래가격이,
한화 원/미화 달러=1,280~1,290원일 경우 읽는 법:

① 1,280(pause) 90

② 1,280 to 90

③ 80 to 90

[질의] 위의 거래에서 selling price, buying price, 스프레드는 얼
　　　마인가요?

1.4. 교차환율(cross rate)

달러화가 아닌 제3의 통화 간의 환율을 달러화를 거쳐서 교환비
율을 계산하는 방식으로 차익거래의 수단으로 이용된다. 특히 프로
그램을 트레이딩화 해서 차익거래를 추구함으로써 시장의 효율성을

증대시킬 수 있다고 할 수 있다.

[질의]

122 Japanese yen=미화 1달러
원화 1,250원=미화 1달러
그런데 시장에서 엔화 1엔=10원으로 형성되어 있다면 어떤 거래가 발생하게 될까요?

2. 외환시장

가치의 교환이 이루어지는 것을 우리는 시장(market)이라고 한다. 같은 맥락에서 외환시장이란 서로 다른 둘 또는 여러 종류의 통화 간의 교환이 이루어지는 것을 말한다. 외환시장의 거래가 이루어지는 주요한 시장으로는 런던, 뉴욕, 동경 등을 들 수 있다. 이들 시장의 특징은 24시간 거래(24 hour transaction system)가 진행되는 열려있는 시장이다. 즉, 날짜 변경선을 중심으로 호주의 시드니 시장에서 시작하여, 동경시장, 홍콩시장, 싱가폴시장, 런던시장, 뉴욕시장의 순서로 시장이 열리고 닫히는 과정을 반복하는 24시간 열려있는 시장이다. 외환시장의 규모는 국가 간의 무역거래나 금융거래의 증가와 비례하여 증가하여 왔는데, 80년대 하루 거래량이 3,000억 달러 수준에서 90년대에는 1조 달러대로 급성장한 추세를 감안해 볼 때 앞으로 시장규모의 확대를 가늠해볼 수 있다.

2.1. 외환시장의 의의

외환시장(Foreign exchange market 혹은, Fx market)이란 어휘 그
대로 서로 다른 통화가 교환되는 시장을 의미한다. 즉, 어떠한 필요
성에 의하여 한 나라의 통화와 다른 나라의 통화가 일정한 교환비율
에 맞추어 서로 교환되는 시장을 말한다. 이와 같이 서로 다른 통화
의 교환이 이루어지는 외환시장에서는 마치 일반적인 시장과 마찬
가지로 외환시장에서의 상품은 각국의 통화가 되며, 상품의 가격은
이에 대응하여 교환되는 타국의 통화로 표시된다.

1) 거래

외환시장의 거래는 주로 은행과 은행 간의 거래로 이루어진다. 단
지 외환선물의 경우는 선물거래소를 통하여 거래가 진행되며, 거래
가 이루어지는 주요도시로는 영국의 런던, 미국의 뉴욕, 그리고 일
본의 동경시장과 같은 세 개의 중심축을 중심으로 하여 거래가 진행
되고 있다. 런던이 외환시장의 중심이 되는 이유는 런던이 국제금융
시장의 센터 역할을 수행하기 때문이다. 이와 같이 영국이 국제금융
의 중심지로서 자신의 입지를 확고하게 할 수 있었던 것은 금융규제
의 완화(deregulation)를 미국과 일본에 비해 먼저 실행한 사실과 무
관치 않다.

거의 모든 외환거래는 은행을 중심으로 이루어지기 때문에 은행
의 딜링룸(dealing roon)이 외환거래가 이루어지는 장소이다. 이와
같이 은행 간 거래의 집합을 은행간시장(interbank market)이라고
하는데, 은행간시장의 거래단위는 최소한 미화 100만 달러 이상이

되는 도매시장이다. 현재 외환시장에 참여하고 있는 은행들은 전 세계적으로 200여 개 정도이며 이와 같이 외환거래에 참여하는 은행들의 거래가 전 세계 시장에서 거래되는 거래량의 90% 이상을 포함한다.

2) 거래단위

보통 외환시장에서의 거래단위는 주로 백만 달러 단위 이상으로 하고, 만약 백만 달러 단위 정도의 규모로 거래할 수 없는 은행들은 외환 딜링룸을 따로 소유하지 않고 주로 지역 내의 대형은행을 통하여 자신들이 필요로 하는 외환거래를 취하게 된다.

3) 중요성

국제거래에서의 상행위는 반드시 국제지불이 수반된다. 즉, 국제무역이나 국제금융이 발생하는 경우에 자국의 화폐와 거래에 사용되는 화폐가 상이한 경우에는 반드시 외환시장에 개입하여 자국의 화폐와 자신이 필요로 하는 화폐의 교환을 통하여 무역거래나 금융거래의 대금을 지불할 수 있다.

이미 언급한 바와 같이 국제무역이나 국제금융과 관계한 거래의 대금이 거대할 뿐만 아니라 실제로 외환시장에서 거래되는 최소한의 거래 대금이 매우 크기 때문에 외환시장과 관련된 거래에는 가격변동에 따라 거래로 인한 손익이 크게 차이가 나게 되어 있다. 따라서 외환거래자들은 환율과 관계된 변동성을 잘 예측하여 효율성 있는 거래를 수행해야 하는 중요한 임무를 가지게 된다.

[사례연구]

① 조지 소로스의 경우

② 한 외환딜러의 실수가 영국은행에 치명적인 결과 초래

③ 우리나라의 지방은행에서 한 외환딜러의 실수로 엄청난 손실
   초래: 물리적인 제약(거래단위 축소)을 신설

4) 외환시장의 참여자

외환시장에 참여하는 참여자들은 주로 무역과 금융 같은 본원적
인 거래와 수반되어 시장참여가 나타난다. 이와 같이 시장에 참여하
는 동기에 따라 참여자들을 분류하여 보면 3가지로 구분할 수 있다.

(1) 투자자(investor)

(2) 재정거래자(혹은 매매차익거래자, arbitrager)

(3) 투기꾼(speculator)

5) 거래구조

이미 정리한 바와 같이 외환시장은 외환시장에 참여한 참여자들에
의해 거래가 발생하는 형태인 장외거래(Over The Counter tranction:
OTC tranction)로 주로 거래 되는 시장이다. 따라서 은행들이 시장
조성자(market maker)의 역할을 수행한다. 시장조성자의 개념은 우
리가 흔히 얘기하는 브로커의 개념과는 다른 개념이다.

새로운 용어의 개념을 정리해본다.

① 롱포지션(long position): 매입포지션을 증가시키는 행위, 즉, 외환딜러가 미국달러화의 가치가 한국의 원화보다 더 오를 것이라고 전망될 때, 미국의 달러화에 대해 매입포지션을 하는 것을 의미한다. 즉, 이 외환딜러는 미국의 달러화에 대한 롱포지션을 견지하고 있는데, 이는 결국 미국 달러화에 대한 노출의 증가를 의미한다.

② 쇼트포지션(short position): 쇼트포지션이란 매도포지션을 말한다. 즉, 앞으로 원화가치대비 미국의 달러화 가치가 하락할 것이라고 예측이 될 때 외환딜러는 미국의 달러화에 대해 쇼트포지션을 가지게 되는데, 이는 미국의 달러화를 매각하고 한국의 원화를 매입하는 행위를 의미한다. 즉 미국의 달러화에 대한 노출을 감소시키는 행위이다.

③ 브로커(broker): 자기 포지션을 가지지 않으며, 이들의 수익은 커미션(commission)이다.

  (예) 증권 브로커, 부동산 브로커(중계인)

④ 딜러(dealer): 기포지션을 가짐. 이들의 수익은 스프레드(spread), 즉 매도가격(offer, ask, selling price)과 매입가격(bid, buying price)

⑤ 매도가격(offer, ask price): 팔려는 가격

⑥ 매입가격(bid, buying price): 구입하려는 가격

  [주의] 매도가격, 매입가격 – 시장조성자의 기준에서

⑦ 일물일가의 법칙(law of one price): 동일한 물건에 동일한 가격이 있어야 한다는 개념으로, 환율계산의 척도로 햄버거 가격을 이용하는 경향이 있다.

⑧ 코레스 은행(correspondent bank): 외환거래와 관련된 거래은행의 해외 거래은행

⑨ hard currency(경화): 통화의 가치가 쉽사리 인정되는 통화 (예) 주요국 통화

⑩ soft currency(연화): 통화의 가치가 역내를 벗어나면 인정되기 어려운 통화

3. 선도환

3.1. 현물환(spot exchange rate)

계약과 동시에 교환이 일어나는 외환거래
- 당일물(value today): 만기일이 결제일
- 익일물(value tomorrow): 만기일 다음 영업일이 결제일
- 스팟물(value spot): 만기일 이후 2번째 영업일이 결제일

3.2. 선도환(forward exchange rate)

계약일과 결재일(delivery day)이 다른 경우 (예) "밭떼기" 연상
1) 정형화(organized)되어 있지 않다.

2) 결재일이 자유롭다(1개월, 2개월, 3개월).

3) 거래의 90%가 실제 교환이 일어난다.

4) 수수료는 스프레드

5) 주로 미국 달러 1달러에 대한 유럽통화로 표시

3.3. (주의) 선물환(future exchange rate)

1) 정형화된 시장이다(well organized market): 지정된 장소, 표준화된 거래단위, 결제일의 표준화

   (예) 시카고 선물시장(CME)

2) delivery 일자가 3, 6, 9, 12월 셋째 수요일

   [비교] 한국의 주가선물: 둘째 목요일

3) 주요 통화: 미국 달러, 캐나다 달러, 영국의 파운드화 등

4) 표시는 각국 통화 1단위에 대한 미국 달러의 가치

5) broker fee(commission)

 · 선도환 할증(forward premium): 미래의 가치가 상승하리라고 예상이 되는 강세통화(strong currency)는 약세통화에 대해 선도환 할증 상태에 놓이게 된다.

 · 선도환 할인(forward discount): 선도환 할증과 반대로 가까운 장래에 통화의 가치 하락이 예상되는 약세통화(weak currency)는 강세통화에 대해 선도환 할인의 상태에 놓이게 된다.

 · 평가절상(appreciation): 외환시장에서 가치가 다른 통화에 비해 상대적으로 커지는 경우

 · 평가절하(depreciation): 평가절상과는 반대로 다른 통화의 가

치에 비하여 상대적 가치가 하락하는 경우

[요점정리]

1. 환율(Foreign Exchange rate 또는 Fx rate)이란 상대가 되는 국가에서 사용하는 화폐와의 교환비율을 의미한다(exchange rate between two currency). 즉, 한 나라 통화 1단위에 대한 다른 나라 통화의 교환비율이다.

2. 가치의 교환이 이루어지는 것을 우리는 시장(market)이라고 한다. 같은 맥락에서 외환시장이란 서로 다른 둘 또는 여러 종류의 통화 간의 교환이 이루어지는 것을 말한다. 외환시장의 거래가 이루어지는 주요한 시장으로는 런던, 뉴욕, 동경 등을 들 수 있다.

3. 선도환은 정형화(organized)되어 있지 않은 시장에서 거래되며 결재일(1개월, 2개월, 3개월)이 자유로운 특징을 갖는다. 거래의 90%가 실제 교환이 일어난다.

[참고문헌]

강영수, 『기업재무전략』, 한솜미디어, 2013.

강호상, 『국제기업재무론』, 법문사, 1996.

김영래, 『글로벌경영』, 법문사, 2009.

민상기 · 정창영, 『글로벌 재무전략』, 명지사, 2012.

박영규, 『글로벌파이낸스』, 삼영사, 1999.

박종원, 『재무관리전략』, 21세기북스, 2011.

이장로 · 신만수, 『국제경영』, 무역경영사, 2010.

임태순, 『경영학의 이해』, 한국학술정보(주), 2012.

임태순, 『재무관리의 이해(공저)』, 법문사, 2012.

임태순, 『주식시장과 투자』, 한국학술정보(주), 2011.

임태순, 『핵심재테크』, 이담북스, 2010.

임태순, 『금융시장』, 한국학술정보(주), 2010.

전용욱 · 김주헌 · 윤동진, 『국제경영』, 문영사.

조갑제, 『국제금융』, 두남, 2009.

최낙복, 『국제금융』, 두남, 2011.

[학습목표]

1. 선물시장에 대해 살펴보고 선물시장의 경제적 거래에 대해 알아본다.
2. 스왑거래에 대해 알아보고, 스왑거래가 형성되는 과정을 살펴본다.
3. 마지막으로 옵션시장에 대해 논의하고 거래가 진행되는 과정에 대해 학습한다.

제8장 선물시장·스왑거래·옵션시장

[들어가기]

[비즈서밋] G20 VS B20

■ G20 VS B20 현장 비교해봤더니[13]

G20 정상회의와 비즈니스 서밋(B20)이 열리고 있는 대한민국 서울로 세계의 이목이 집중되어 있다. 주요 20개국 정상들과 국제단체장이 참석하는 G20과 글로벌 기업 CEO 120명이 함께하는 B20은 그 규모만큼이나 흥미진진한 뒷이야기들이 쏟아져 나왔다.

G20과 B20을 잇따라 취재하며 느낀 생생한 현장 분위기를 비교해서 한번 살펴본다.

---

13) 출처: 《한국경제신문》, 2010년 11월 12일자 기사에서 발췌
  이미지 출처: 《한국경제신문》, 2010년 11월 12일자 기사

■ 여유로운 B20 출입, 삼엄한 G20

G20보다 하루 앞서 지난 10일 공식일정을 시작, 11일 막을 내린 B20은 호텔에서 치러졌기 때문인지 차량통제나 출입제한 등이 예상보다 까다롭지는 않았다. 승용차와 택시 등은 B20 행사가 열리는 워커힐 호텔 정문 앞까지 별다른 제재 없이 통과할 수 있었고, 개막총회와 각 분과별 라운드테이블이 열린 회의장 내부 출입만이 제한됐다. 행사가 열리는 장소를 제외하고 일반 룸은 여전히 투숙객들을 받고 있어 국제적인 행사를 보기 위한 일본, 중국 등의 여행객이 평소보다 눈에 많이 띄었다. 워커힐 측 관계자는 "행사장 출입을 일부 제한하는 것 외에 다른 투숙객들은 이전과 다름없이 묵을 수 있다"고 설명했다.

반면 G20 정상회의가 열리는 코엑스 주변은 행사 이틀 내내 곳곳이 통제되고 삼엄한 경비가 이루어졌다. 코엑스가 위치한 삼성역은 지하철이 정차하지 않고 지나가고 도로 또한 아예 바리케이드가 둘러진 채 절반 이상 통제됐다.

코엑스 내부 역시 미리 출입을 허가받은 기자, 행사관련 스태프, 코엑스 상주직원 등을 제외하고는 일반인 출입이 철저히 통제됐다.

■ 취재진 피한 CEO들, 화답하는 정상들

회의의 주인공들인 각국 정상과 CEO들의 모습은 정반대였다. B20에 참석한 기업 CEO들은 취재진의 눈을 피해 서둘러 행사장으로 들어가거나 공식 출입구가 아닌 비공식 루트를 통해 빠져나갔다. 폐막 후 기자회견에 등장한 12명의 대표 CEO들을 제외하고는 모습조차 보기 힘들어 한마디라도 얻어내려는 취재진의 고군분투가 이어졌다.

G20 정상들은 철저한 경호와 보안에 둘러싸여 있긴 했지만 취재진의 플래시 세례에 자연스럽게 손을 들어 화답했고 여유로운 모습을 보였다. 방한 일정에 맞춰 주요 언론들과 개별 인터뷰를 진행한 정상들도 있었다.

■ 미디어센터, 도시락 B20 · 뷔페 G20

양쪽 행사를 취재하는 기자들을 위해 마련된 미디어센터 내의 모습도 사뭇 달랐다. 500여 석이 마련된 B20 미디어센터는 대부분이 국내 언론사 기자들로 채워졌고 자리 경쟁도 치열한 편이 아니었다.

그러나 총 4천여 석이 마련된 최대 규모의 G20 미디어센터는 전 세계에서 온 외신기자들로 절반 이상 채워졌다. 아침 일찍부터 각 자리마다 'RESERVED(예약)'라는 종이가 붙어있는가 하면 자리를 잡기 위해 새벽부터 서둘러 나온 기자들도 눈에 띄었다.

　B20은 다소 배고픈 취재 환경이기도 했다. 미디어센터 내에 마련된 커피와 물 이외에는 먹을 것이라곤 찾아볼 수 없었다. 워커힐 호텔이 워낙 외떨어진 곳에 자리 잡은 데다 호텔 내에는 고급 베이커리와 카페를 제외하고는 허기진 배를 달랠만한 곳이 없었다. 점심으로는 간단한 일식 도시락이 나왔다. 한 기자는 커피마저도 줄을 길게 늘어서서 받아야 하자 "한 번에 많이, 꾹꾹 눌러 채워주세요"라고 말하기도 했다.

　G20 정상회의 미디어센터는 이와 다르게 후한 취재 환경을 제공했다. 아침 7시부터 9시까지 아침식사로 샌드위치와 샐러드, 음료가 주어졌고 곳곳마다 자유롭게 꺼내먹을 수 있는 음료와 다과들이 제공됐다. 점심식사는 뷔페가 마련됐다.

　IT강국의 면모를 보여주는 다양한 첨단 기술 체험공간도 풍부해 각 나라 언론들에 또 다른 취재거리를 제공하기도 했다. 세계 곳곳에서 취재진이 모여든 만큼 각 나라별로 다양한 기자들의 특성 또한 볼 수 있었다.

　예컨대 중국기자들은 미·중 양국의 첨예한 환율전쟁을 보여주듯 주로 미국의 양적완화정책과 환율문제를 날카롭게 파고드는 질문을 기자회견에서 했다.

　프랑스 방송사 기자들은 빨강, 노랑의 선명한 의상과 국내 방송에서는 보기 힘든 과감한 헤어, 화장 등을 한 채 방송 전 끊임없이 리포팅 연습을 하곤 했다.

멕시코 기자들은 삼삼오오 모여 담소를 즐기는 시간이 길었다. 자리에 앉아 무려 40여 분간 정성스럽게(?) 화장을 한 여기자도 눈에 띄었다.

캐나다에서 온 기자들 중에는 유난히 백발의 나이 지긋한 기자들이 많았다. 양복 정장에 나비넥타이까지 곁들이고 열정적으로 취재를 하는 모습에서 자부심과 연륜이 묻어났다.

1. 선물시장

1.1. 선물시장(future market)

양 당사자 간에 미래의 특정시점에 일정가격으로 기초자산을 사거나 팔기로 하는 협약을 하는 것을 의미한다. 선물거래가 이루어지는 가장 큰 거래소는 시카고상품거래소(CBOT: Chicago Board of Trade)와 시카고상업거래소(CME: Chicago Mercantile Exchange)를 들 수 있다.

통화선물의 경우 시장참여자가 진입가격(entry price)을 가지고 개시증거금(initial margin)을 내고 그 날의 거래 종료 시 끝난 가격을 가지고 차액을 계상한다. 따라서 만일 그날 이익을 얻으면 계정잔고가 개시증거금보다 커지게 되고, 만일 손실을 보게 되면 계정잔고가 증거금보다 적어지게 되며, 일정한 유지증거금보다 적어지게 되면 추가증거금을 내야 한다.

1) 통화선물
- open: 시초가
- high: 최고가
- low: 최저가
- Settle: 확정가(끝난 가격)
- change: 변화된 가격(전일대비)
- life time high: 여태까지 최고치
- life time low: 여태까지 최저치
- Est Vol: 당일거래 추정치
- vol: 거래량

2) 선도환시장과 통화선물시장의 비교
(1) 선도환시장
　① 장외거래로 장소 구애 없는 시장(non-organized market)
　② 거래조건: 필요에 따라 결정
　③ 거래정산: 만기에 정산
　④ 수수료는 매매차익: spread(ask-bid 차이)
　⑤ 거래규제: 없음
(2) 선물시장
　① 조직화된 거래소(organized market)
　② 거래조건: 표준화되어 있음(지정된 장소, 계약단위, 결제일)
　　(예) 결제일은 3, 6, 9, 12월 셋째 수요일
　③ 거래정산: 매일 정산
　④ 증거금 납부

⑤ 수수료는 commission

⑥ 대부분 반대매매를 통하여 청산됨.

3) 선물거래의 경제적 기능

(1) 가격예시기능

생산자는 용이하게 생산이나 투자에 대한 의사결정을 할 수 있고 재고의 보관에 수반되는 수익이 보장되기 때문에 공급물량의 시차적 배급이 이루어지게 된다.

(2) 위험이전기능

본질적인 선물시장의 기능은 미래가격을 계약을 통하여 확정지음으로써 위험을 이전하는 기능을 갖는다.

[선물시장의 참가자]

- hedger: 순수한 위험 회피를 위한 거래자로서 환위험 노출을 축소하는 데 목적을 두는 거래자이다.
- speculator: 선물가격 변동으로 인한 이익을 노리고 선물계약의 포지션을 변경하는 거래자를 말한다.
- arbitrager: 차익거래자를 말한다.

2. 스왑거래

2.1. 스왑거래의 의의

1) 스왑(swap)의 개념

(1) 스왑이란 자신이 소유한 것을 서로 교환하는 거래

(2) 장내 특정기간 동안 실물자산이나 금융자산의 가격에 기초해서 설정된 일정계약의 내용에 따라 결제하기로 약속된 계약

(3) 환율이나 이자지불의 관점에서 비교우위의 조건을 얻기 위해 두 당사자 간에 금융의무를 교환하는 것(An exchange of financial obligation between two parties to get a favorable condition in terms of currency, interest payments)

2) 스왑거래의 발전

(1) 스왑거래는 물물교환의 형식으로 1980년대 들어 금융상품의 스왑이 발전한 이래 초고속 발전을 지속

(2) 재무적인 위험관리가 요구되는 금융환경에서 위험관리, 자본비용의 감소 및 규모의 경제를 실현하는 효과

(3) 스왑거래는 초기에는 금융기관(상업은행, 투자은행)을 중심으로 한 브로커(broker)에서 딜러로 전환하는 발전

3) 실물자산의 스왑(commodity swap)

"상품스왑"이라고도 하며 상품의 물물교환을 의미한다. 예를 들면, 유동성이 부족한 국가 간의 거래에 많이 적용되는 사례로 원유

와 직물, 군수품과 고무의 교환을 들 수 있다.

(예) 김우중 회장의 마케팅 능력

4) 금융자산의 스왑(financial swap)

금융자산의 스왑은 우리가 다루고자 하는 스왑을 말하며, 크게 통화스왑(currency swap)과 금리스왑(interest swap)으로 나뉜다.

2.2. 통화스왑(currency swap)

통화스왑이란 상이한 통화로 차입한 두 차입자가 각자의 차입금에 대한 상이한 통화표시 채무의 상환을 상호 교환하는 계약을 의미한다.

1) 약정형태에 따른 통화스왑의 유형

(1) 단기적 스왑

현물환 매각과 동시에 결제일이 다른 현물환을 재매입하는 거래로 통상적으로 결제일이 7일 이내인 경우를 의미한다.

(예) 일일스왑(one-day 스왑): 일일스왑은 외환딜러가 외환포지션 변화에 따른 현금흐름을 조정하기 위한 목적으로 많이 사용되며, 주식시장에서의 'day-trading'과 같이 기간을 짧게 가지고 간다.

(2) 현물환 대 선물환 스왑

현물환 매각과 동시에 특정기일에 선물환을 매입키로 하는 약정의 거래

(예) 현물매각, 선물매입(spot sale, future purchase): 자금여유가
　　있는 통화의 매각과 동시에 매입

　　현물매입, 선물매각(spot purchase, future sale): 자금부족통
　　화의 매입과 동시에 매각

(3) 선물환 대 선물환 스왑

선물환의 매각과 동시에 결제일이 다른 선물환을 재매입하는 것
으로, 예를 들면 3개월물의 매각, 6개월 만기물의 선물 매입 등을 말
한다.

2) 거래형태에 따른 통화스왑의 유형

(1) 상호융자(parallel loan)

서로 다른 국가에 위치하고 있는 두 회사가 상대방 국가에 자회사
를 가지고 있을 때 자국에 있는 상대방 기업의 자회사에게 서로 동
일한 금액을 대출해주는 형태를 말한다. 주로 각 대출에 대한 이자
의 기간별 지급과 원금상환은 두 기업 간에 일치하도록 정한다.

(2) 상호직접융자(back to back loan)

상호직접융자는 상호융자와 유사하나 자회사를 개입시키지 않고
본사 간의 직접융자라는 점에서 차이를 가지며 상호직접융자의 경
우에는 상대방이 채무가 불이행될 때, 자기채무액과 서로 상계
(netting)가 가능하다는 점이 상호융자와의 차이점이다.

[상호융자나 상호직접융자의 평가]

　상호융자나 상호직접융자의 경우 거래가 중간의 어떤 중계자를

개입시키지 않고 서로 직접 이루어지기 때문에 자금조달비용을 축소시킬 수 있고, 외환통제를 회피할 수 있다는 장점을 가지고 있다. 그러나 현실적으로 같은 조건의 당사자를 물색하기 어렵다는 문제점과 거래 당사자들끼리 이루어지는 거래이므로 거래에 수반되는 신용위험이 있다는 단점을 가지고 있다.

2.3. 금리스왑(interest swap)

1) 금리스왑이란 서로 다른 채무자가 원금은 교환하지 않고 일정기간 동안 각자의 차입조건(유리한 조건의 차입)을 교환하기로 약정하는 거래를 의미한다.
2) 금리스왑은 기업의 자금조달을 원활하게 하는 이점이 있다. 즉, 금리스왑의 계약을 맺은 두 당사자가 자금시장에서 서로 다른 신용으로 인하여, 한쪽은 고정금리로 자금을 조달할 때 비교우위에 있고, 상대방은 반대로 변동금리로 자금을 차입할 때 비교우위에 있다고 가정할 때, 이들은 각자 비교우위에 있는 금리로 자금을 조달하여 서로 교환하는 약정을 하면 양자 모두 조달금리를 낮춤으로써 서로 상생(win-win)하는 계약을 말한다. 또한 금리스왑의 장점은 은행을 통한 노출거래가 아니라 장부외거래를 통하여 자신들만 비밀을 유지할 수 있는 장점도 가지고 있다.

2.4. 금리-통화스왑

이미 지적한 금리스왑과 통화스왑은 설명한 바와 같이 단순한 형태로 진행되지 않고 실제로는 다소 복잡한 형태를 가지고 금리와 통화스왑이 동시에 일어나고 원리금 상환까지 맞바꾸는 형태로 이루어지는데 이를 금리-통화스왑이라고 한다. 금리-통화스왑에는 고정금리 통화스왑과 변동금리 통화스왑이 있다.

1) 고정금리통화스왑(fixed rate currency swap)

고정금리통화스왑이란 고정금리 대 고정금리의 스왑거래를 의미한다. 예를 들면, 한국에 있는 A회사와 미국에 있는 B회사 간의 고정금리통화스왑은 A회사는 한국의 채권시장에서 미국의 채권시장보다 상대적으로 좋은 평가를, 미국의 B회사는 한국의 채권시장보다 미국의 채권시장에서 상대적으로 좋은 조건으로 자금을 조달할 수 있을 경우에 발생할 수 있다.

<표 8-1> 스왑거래 전

구분	한국의 A회사	미국의 B회사	금리차이
$채권시장	10%	9.75%	0.25%
₩채권시장	7.5%	7.75%	0.25%
금리차이	2.5%	2.0%	

이러한 조건하에서 한국의 A회사와 미국의 B회사는 스왑거래를 통하여 아래와 같은 결과를 얻을 수 있다.

<표 8-2> 스왑거래 후

구 분	스왑거래 전	스왑거래 후	비용절감
A회사	10%달러 이자지급	9.75%달러 이자지급	0.25%달러 이자율
B회사	7.75%원화 이자지급	7.5%원화 이자지급	0.25%원화 이자율

2) 변동금리통화스왑(interest rate currency swap)

변동금리통화스왑이란 고정금리 대 변동금리의 스왑거래를 의미한다. 예를 들면, 한국에 있는 A회사는 국내시장에서 원화표시의 고정금리를 가지고 있는데 달러표시의 변동금리를 원하고, 미국에 있는 B회사는 미국시장에서 달러표시의 변동금리를 가지고 있는데 원화표시의 고정금리를 원할 경우, 두 당사자들은 서로 스왑거래를 통하여 서로에게 이익이 되는 거래를 할 수 있다.

<표 8-3> 스왑거래 전

구 분	한국의 A회사	미국의 B회사	금리 차이
한국의 고정금리시장	7%	7.5%	0.5%
미국의 변동금리시장	Libor+1.5%	Libor+1.0%	0.5%

이러한 조건하에서 한국의 A회사와 미국의 B회사는 스왑거래를 통하여 아래와 같은 결과를 얻을 수 있다.

<표 8-4> 스왑거래 후

구 분	스왑거래 전	스왑거래 후	비용절감
A회사	Libor +1.5% 달러 이자지급	Libor +1% 달러 이자지급	0.5%달러 이자
B회사	7.5%원화 이자지급	7.0%원화 이자지급	0.5%원화 이자

2.5. 스왑거래의 관리

스왑거래는 시장변화와 관련된 시장위험(market risk), 상대방의 의무이행과 관련된 신용위험(credit risk), 그리고 이자지불과 관련된 유동성위험(liquidity risk)과 같은 위험을 수반하는 거래이다. 따라서 체계화된 전략적인 관리가 요구되고 있다. 스왑거래의 관리는 아래와 같이 4가지로 나누어서 생각해볼 수 있다.

1) 먼저, 스왑거래를 희망하면 상대방에 대한 철저한 신용분석이 무엇보다 앞서서 진행되어야 한다.
2) 불이행 가능성에 대한 규제방안을 강구해야 한다. 예를 들면, 특정한 스왑거래를 불이행하게 되면 모든 스왑거래에 대한 지불정지규정 등을 첨가하여 이행의 의무감을 부여해야 한다.
3) 혹시 있을 지급불능과 같은 불확실성에 대비하여 담보나 증거금 등을 제공하는 규정을 삽입하는 방안도 생각해볼 필요가 있다.
4) 상호지급금액의 경우는 서로 상계(netting)규정을 두어 거래금액을 줄임으로써 신용위험을 줄일 수 있다.

3. 옵션시장

3.1. 옵션거래의 의의

1) 옵션(option)이란 어떤 기초자산을 매입하거나 매도할 수 있는

권리(right)로서 당연히 해야만 하는 의무(obligation)는 가지지 않는 계약을 의미한다.

2) 옵션은 콜옵션(call option)과 풋옵션(put option)으로 나뉜다. 콜옵션이란 특정가격으로 특정기간 동안에 기초자산을 매입할 수 있는 권리가 부여된 계약을 말하며, 풋옵션은 특정가격으로 특정기간 동안에 기초자산을 매도할 수 있는 권리가 부여된 계약을 의미한다.

3) 시장의 참여자는 옵션매입자(buyer 혹은 holder)와 매도자(seller 혹은 writter)로 구분된다. 이미 지적한 바와 같이 옵션매입자는 기초자산을 매입하거나 매도할 수 있는 권한을 가지지만 옵션매도자는 옵션매입자의 행사에 응하여야 하는 의무(obligation)를 가진다.

<표 8-5> 옵션거래

구 분	콜옵션	풋옵션
매입자(holder)	살 수 있는 권한	팔 수 있는 권한
매도자(writter)	팔아야 하는 의무	사야 하는 의무

4) **통화옵션의 특징**

(1) 외환시장에서 환율에 대한 보험의 성격을 지닌다.

(2) 선도환과 선물환을 비교하여 볼 때, 의무사항이 아닌 행사의 선택권(right)을 가진다는 특징이 있다.

5) 통화옵션 거래소

(1) 장내옵션(floor option)

PHLX(Philadelphia Exchange)

CME(Chicage Merchantile Exchange)

CBOT(Chicago Board of Option Exchange)

LIFFE(London International Financial Futures Exchange)

(2) 장외옵션(Over-the-counter option)

3.2. 옵션의 가치

옵션의 상태는 기초자산의 가격과 행사가격의 차이에 따라 내가격 (in the money), 외가격(out of the money), 등가격(at the money)으로 나뉜다. 즉, 콜옵션의 경우 기초자산의 가격이 행사가격보다 크면 내가격 상태이고, 같으면 등가격 상태, 적으면 외가격 상태가 된다.

<표 8-6> 옵션의 가치

관 계	콜옵션	풋옵션
기초자산의 현가 > 옵션행사가격	내가격	외가격
기초자산의 현가 = 옵션행사가격	등가격	등가격
기초자산의 현가< 옵션행사가격	외가격	내가격

3.3. 콜옵션거래자의 손익

행사가격이 1,300원/달러, 옵션프리미엄이 30원/달러인 경우 콜옵션은 달러당 1,300원 이상이 되어야 매입자가 옵션을 행사하게 된다.

만약 환율이 1,400원이라면 옵션 매입자는 달러당 70원(1,400-1,300-30)의 이익과, 매도자는 70원의 손해가 발생하게 된다. 반대로 환율이 1,280원이라면 옵션의 매입자는 옵션을 행사하지 않기 때문에 프리미엄인 30원의 손실이, 그리고 매도자는 30원의 이익이 발생하게 된다.

3.4. 풋옵션거래자의 손익

풋옵션은 콜옵션의 반대모형이므로 반대로 생각하면 된다. 즉, 옵션 매입자는 현물가격이 하락해야 이익이 발생하고 매도자는 현물가격이 상승해야 이익이 발생하게 된다.

[요점정리]

1. 선물이란 양 당사자 간에 미래의 특정시점에 일정가격으로 기초자산을 사거나 팔기로 하는 협약을 하는 것을 의미한다. 선물거래가 이루어지는 가장 큰 거래소는 시카고상품거래소(CBOT: Chicago Board of Trade)와 시카고상업거래소(CME: Chicago Mercantile Exchange)를 들 수 있다.
2. 금리스왑이란 서로 다른 채무자가 원금은 교환하지 않고 일정기간 동안 각자의 차입조건(유리한 조건의 차입)을 교환하기로 약정하는 거래를 의미한다. 금리스왑은 기업의 자금조달을 원활하게 하는 이점이 있다
3. 옵션(option)이란 어떤 기초자산을 매입하거나 매도할 수 있는

권리(right)로서 당연히 해야만 하는 의무(obligation)는 가지지
않은 계약을 의미한다.

[참고문헌]

강영수, 『기업재무전략』, 한솜미디어, 2013.
강호상, 『국제기업재무론』, 법문사, 1996.
김영래, 『글로벌경영』, 법문사, 2009.
민상기・정창영, 『글로벌 재무전략』, 명지사, 2012.
박영규, 『글로벌파이낸스』, 삼영사, 1999.
박종원, 『재무관리전략』, 21세기북스, 2011.
이장로・신만수, 『국제경영』, 무역경영사, 2010.
임태순, 『경영학의 이해』, 한국학술정보(주), 2012.
임태순, 『재무관리의 이해(공저)』, 법문사, 2012.
임태순, 『주식시장과 투자』, 한국학술정보(주), 2011.
임태순, 『핵심재테크』, 이담북스, 2010.
임태순, 『금융시장』, 한국학술정보(주), 2010.
전용욱・김주헌・윤동진, 『국제경영』, 문영사.
조갑제, 『국제금융』, 두남, 2009.
최낙복, 『국제금융』, 두남, 2011.

[학습목표]

1. 환율이 어떻게 결정되는가를 설명하는 배경 이론에 대해 학습한다.
2. 환율의 계산법에 대하여 알아보고, 선도환과 현물을 이용하여 premium, discount, 평가절상, 평가절하 등을 실제로 계산하는 방법을 알아본다.

제9장 환율이론과 환율산정

[들어가기]

'M&A 성공' 그 해답은 PMI[14]

회사가 성장하는 방법은 크게 두 가지다. 하나는 지속적인 성장으로, 매출 증대를 통해 자체적으로 성장하는 방법이다. 국내 기업 대부분이 이에 해당한다. 다른 방법은 다른 기업을 인수해 합병하는 것이다. 이는 단기간에 성장을 가능케 할 뿐 아니라 이 게임에 능숙한 이들에게는 재무적으로도 큰 보상을 안겨주는 매우 매력적인 방법이다.

통상적으로 M&A(인수합병)라 불리는 이 두 번째 방법은 서구에서는 보편화된 현상이다. 하지만 한국 기업 및 많은 아시아 기업들은 상당 기간 M&A를 부정적인 시각으로 바라봐 왔고 최근에야 적극적으로 도입하기 시작했다. 또한 인수 기업은 승자로, 피인수 기업은 패자로 간주하는 흑백논리도 보편적이었다. 이것이 M&A에 대

---

14) 출처: 《매일경제신문》, 2010년 11월 26일자 기사 내용

한 일반적이며 단순화된 시각이다. M&A를 보다 성숙한 시각으로 바라보는 방법은 통합된 회사의 가치를 두 개의 회사가 별개로 존재했던 때의 가치와 비교분석해보는 것이다.

놀랍게도 두 개 이상의 회사를 합병할 경우, 이것이 양사의 가치 증대로 이어지는지에 대해서는 이견이 있다. 국내에서 추진된 M&A 중 상당수는 성공 사례로 분류되기 어렵다. 국내 기업의 한 임원은 인수한 기업을 손보느라 회사의 핵심 사업에 주력할 시간이 없다고 내게 불평을 토로했다.

M&A에 쏟아 붓는 추가적인 관심은 비용으로 간주해야 하지만 손익계산서에는 나타나지 않는다. 그렇다면 M&A를 성공적으로 추진한 기업은 얼마나 되는가. 통계 자료에 따르면, 개별 회사의 시가총액을 합친 것보다 통합 회사의 시가총액이 더 큰 경우는 20%에 불과하다. 합병된 회사 중 68%는 개별 회사의 시가총액이 더 크고, 12%는 시가총액이 이전과 변함없는 것으로 나타났다.

그렇다면 M&A의 대부분이 실패로 돌아가는 주된 이유는 무엇인가.

가장 큰 원인은 합병후통합(PMI: Post Merger Integration)을 제대로 실행하지 못했기 때문이다. 많은 기업들이 PMI 계획 수립에 충분한 시간을 투자하지 못하거나, 계획을 효과적으로 실행하지 못한다. 두 개의 아주 다른 문화를 관리하고 통합하고, 동시에 상이한 정책과 절차를 통합하는 작업은 생각보다 훨씬 어렵다.

특히 충분한 PMI 경험을 보유하지 못한 국내 기업이 이를 제대로 실행하기란 매우 어렵다. '우리 회사 방식'을 무조건 강요하는 식의 접근법은 효과가 없다. 이는 특히 최근 국내에서 M&A를 추진한 기업들에 시사점을 던진다. 합병은 정치적이고 감정적인 측면이 얽혀 있을 뿐 아니라 다양한 노사문제도 포함하고 있는데, 성공적인 M&A 를 추진하기 위해서는 이를 능숙하게 다룰 수 있어야 한다.

성공적인 PMI 추진을 위한 4대 요소는 다음과 같다.

① 명확한 재무적 시너지 목표를 수립하라. 당연하게 생각될 수 있지만 실행은 만만치 않다. 명확한 이익 목표를 계획하고 수립했다면, 이를 달성하기 위해서는 중복되는 조직과 프로세스로 인한 비용 절감에 초점을 맞춰야 한다.

② 효과적인 커뮤니케이션은 필수다. 합병 후 대규모 직원 이탈을 방지하기 위해서는 사내 직원뿐 아니라 고객을 대상으로도 커뮤니케이션을 진행해야 한다. 또한 협력 업체와도 지속적으로 커뮤니케이션을 해야 한다.

③ 구체적인 마스터플랜을 수립하라. 마스터플랜은 매우 구체적으로 수립하는 것이 중요하다. 많은 기업들이 PMI 계획을 제대로 수립하지 못해 시행착오를 겪게 된다.

④ 타협의 여지가 없는 새로운 조직 구조를 수립하라. 통합된 회사의 임원들이 자신의 직위에 걸맞은 조직을 갖추기를 원하는 것은 당연하다. 하지만 이는 매우 심각한 문제다. 하나의 직위를 만들면 그 직위에 있는 임원은 하부에 팀을 만들게 되고, 이렇게 되면 부지불식간에 다양한 계층에 걸쳐 프로세스와 업무 중복이 발생하게 된다.

PMI는 국내 기업에 흥미로운 도전과제다. 최근 외국 기업에 의한 국내 기업 인수 및 통합이 활발해지고 있다. 전환기를 성공적으로 관리하는 것은 새로 통합된 기업의 성공을 위한 핵심 열쇠다.

■ 현장사례: 두산중공업, 성공적으로 조직 통합

아메리카온라인의 타임워너 인수(1,120억 달러), AT&T의 벨사우스 인수(1,010억 달러), SBC의 아메리테크 인수(760억 달러), 화이자의 워너램버트 인수(1,120억 달러), 최근 마이크로소프트의 야후 인수 실패.

역사상 가장 큰 규모의 M&A 중 일부다. 독자들과 별 상관없는 일로 느껴질 수도 있지만 아시아 기업이 적극적으로 M&A를 추진할 날도 얼마 남지 않았다. 2007년 한국에서만 총 4조 원 규모, 528건의 M&A가 진행됐다.

흥미로운 점 중 하나는 M&A에 참여했던 임원진과 이해관계자들을 몇 년 뒤에 인터뷰해보면, 인수가격이 적정했는지를 논하는 사람은 한 명도 없고, 대부분이 통합 후 가치 창출, 즉 PMI에 관심을 둔다는 점이다.

이들 중 상당수는 보다 성공적인 합병을 위해 PMI 계획을 더욱 세밀하게 수립했어야 했고, 그렇게 할 수 있었지만 못한 것에 유감을 표했다. 실제로 PMI 계획 수립은 M&A가 실패로 끝나는 가장 큰 원인 중 하나다. 주요 실패 이유 및 사례를 보자.

첫 번째는 문화 정체성 상실이다. 대부분의 사람들은 A라는 문화와 B라는 문화를 통합하면 C라는 새로운 문화가 창출된다고 생각한다. 하지만 실제로는 새로운 조직이 하향 평준화된 문화를 갖게 되는 경우가 더 많다.

두 번째는 인재 유출이다. 합병 후 인재가 회사를 떠나거나, 경쟁사로 스카우트되면서 회사에는 그저 그런 평범한 인력만 남게 되는 경우다.

세 번째로, 내부 혼란 때문에 고객 또는 영업사원이 이탈해 매출이 10~20% 정도 하락하는 경우다. 고객 이탈은 특히 금융산업에서 두드러진다.

네 번째로, 비용은 과소평가하고 매출 시너지는 과대평가하는 경향이다. 이런 수치는 투자 은행가들이 열심히 예상해서 내놓는 수치인데, 실제로는 시너지 계획의 50% 정도만이 실현된다.

국내의 경우, M&A가 성공적인 결과를 낳을지에 대해서는 아직 지켜봐야 한다. 시간이 지나야만 결과를 알 수 있다. 지금까지 가장 성공적인 M&A 사례로는 SK그룹의 유공 및 한국이동통신(현 SK텔레콤) 인수를 꼽을 수 있다. 두 차례에 걸친 인수를 통해 SK는 의류에서 출발한 다른 기업들로부터 성공적인 차별화를 이뤘다.

한국에는 크게 두 가지 유형의 PMI 프로세스가 존재한다.

첫 번째는 전형적인 서구형 PMI로, 신속한 의사결정을 특징으로 한다. 두산이 대표적인 예다. 한국중공업과 대우종합기계를 인수한 두산은 우수한 관리 능력을 보이고 있다. 비핵심 사업으로 확장한다는 이유로 초기에는 두산의 경영 능력에 대해 회의적인 시각이 지배적이었으나 이제는 사업이 어느 정도 안정됐고 합병을 성공적으로 이끌었다고 전문가들은 입을 모은다.

두 번째는 관망 자세다. 이는 사실 한국의 노사 문제와 문화적인 측면이 빚어낸 한국만의 독특한 방식이다. 합병 이후 회사가 모회사로 완전히 합병되는 데 몇 년 정도 시간 여유를 두고 기다리는 방식으로, 신한은행의 조흥은행 인수와 최근 금호그룹의 대우건설 인수가 좋은 예다. 지금까지 이 두 M&A는 모두 시장의 긍정적인 평가를 받는다. 신한은행은 조흥은행과 성공적으로 합병을 추진하고 있고 금호그룹의 경우도 대우건설의 큰 저항 없이 합병을 추진해왔다.

아직 한국에서는 M&A가 적극적으로 활용되지 않고 있다. 초기에 삼성, LG, 대우가 전자산업에서 시도한 M&A는 별다른 성공을 거두지 못했고, 그 이후 M&A는 한국에서 사라지다시피 했다. 하지만 국내 M&A 시장이 활성화되고 있는 지금, 이제는 국외로도 눈길을 돌려야 한다고 생각한다.

1. 환율이론

1.1. 구매력 평가설

1) 개념

구매력평가설(purchasing power parity: PPP)은 일물일가의 법칙(law of one price)을 말한다. 즉, 동일한 상품은 어떤 시장에서든지 그 가격이 같아야 한다는 주장이다.

구매력 평가설은 제1차 세계대전 후에 경제학자인 Gustav Cassel에 의해서 제창되었으며 인플레이션이 심한 나라는 무역상대국에 비해서 수출품의 가격경쟁력은 떨어지고 수입품은 국내의 높은 가격보다 경쟁력이 높아진다고 보았다.

즉,

$$P = S \cdot P*$$

P: 물가(특정상품의 국내가격)

S: 현재환율(직접법)

P*: 특정상품의 외국에서의 외국통화 표시가격

균형가격에 도달하기까지 상품의 거래는 매매차익거래 때문에 계속 진행된다. 단, 이러한 조건을 유지하기 위해서는 거래세, 거래비용, 무역장벽 및 제품의 질이 일치할 경우에만 가능하다.

2) 절대적 구매력 평가설(absolute version)

일물일가의 법칙을 상품가격뿐만 아니라 전체적인 물가수준에 적용한 것을 말한다.

즉,

$$P = S \cdot P*$$

P: 국내물가수준

S: 현재환율(직접법)

P*: 해외물가수준

3) 상대적 구매력 평가설

환율의 상대적 변화율은 국내와 해외의 물가상승률의 차와 같다는 설.

$$\frac{S*}{S} = \frac{Ph*}{Ph} = \frac{Pf*}{Pf}$$

S: 현재환율

Ph: 국내물가수준

Pf: 해외물가수준

*: 기준시점과 비교시점 간의 변화율

결론적으로,

환율의 상대적 변화율=국내물가 상승률-해외물가상승률

[문제] 향후 1년 후 우리나라 물가 상승률은 10%, 미국은 5%가
되리라 예상된다. 현재의 환율이 1달러=1,300원일 때 1년
후 예상되는 환율수준은?

[답] 예상환율은 1,300×(1+0.05)=1,365원/달러

1.2. 피셔효과(the Fisher effect)

피셔효과는 예상인플레이션의 차이가 결국은 명목이자율의 차이
와 같다는 주장이다. 이에 대한 이론적인 근거의 과정은 명목이자율
이 실질이자율과 예상물가상승률의 합과 같다는 논리에서 출발한다.

즉, $i=r+\pi$

    i: 명목이자율

    r: 실질이자율

    π : 예상물가상승률

[이론적 완성]

$i=r+\pi$ (식 1)

$i^*=r^*+\pi^*$ (식 2)

(식 1)-(식 2)

$(i-i^*)=(r-r^*)+(\pi-\pi^*)$

에서 장기적으로 국내와 해외의 실질이자율은 같은 경향이 있으므로,

$(r-r^*)=0$

결국, $(i-i^*)=(\pi-\pi^*)$가 성립한다.

1.3. 국제피셔효과

국제피셔효과(the international Fisher effect)는 환율변화율에 대한 예상은 서로 다른 통화 간에 존재하는 이자율의 차이와 밀접한 관계가 있다는 주장이다. 예를 들어, 투자자들이 자국통화의 가치가 연간 5% 하락할 것이라고 예상하는 경우에 국내 명목이자율은 해외 명목이자율보다 연간 5%가 더 높아야 한다는 것이다.

[문제] 1년 만기 정부채권이 한국은 12%, 미국은 5%라고 가정하고, 환율의 현물가가 현재 1,300원/1달러일 때 1년 후 예상되는 환율은?

[답] 0.12-0.05=0.07

1,300×1.07=<u>1,391원/1달러 예상</u>

1.4. 이자율평가설(interest rate parity theorem)

연율(yearly basis)로 표시하는 선도환율은 그것이 두 나라 사이에 존재하는 이자율의 차이와 같다는 주장을 말한다. 예를 들어, 영국의 파운드화가 달러에 대하여 선도환 시장에서 11.67%만큼 프리미엄이면 파운드화의 이자율이 달러의 이자율보다 11.67달러 낮아야 한다는 것이다.

[문제] 현물가가 1,300원이고 6개월 선도환율이 1,500원이라면 달러는 프리미엄인가? 디스카운트인가? 몇 %인지 계산하시오

[답] 1,500-1,300=200원/달러(6개월)

(1,500-1,300)/1,300×2×100=30.76%

달러가 30.76%(년 기준으로) 프리미엄 상태에 있다.

2. 환율산정

2.1. 환율교환

₩/$=1,300일 때

[문제] $/W는 얼마인가?

[답] 1/1,300

2.2. 환율평가절상

1) 첫째 날: W/$=1,300
둘째 날: W/$=1,400

[문제] 달러가 몇 % 평가절상되었는가?

[답] 1,400/1,300=1.076..
달러는 원화에 대하여 7.6% 평가절상되어 있다.

2) 첫째 날: W/$=1,300

[문제] 달러가 둘째 날 3% 평가절상 상태에 있다.
　　　 새로운 환율은 얼마인가?

[답] 1,300×1.03=1,339원

2.3. 환율평가절하

1) 첫째 날: €/＄=2.0

   둘째 날: €/＄=2.5

[문제] 유로는 몇 % 평가절하되었는가?

[답] 1/2=0.5＄/DM

   1/2.5=0.4＄/DM

   0.4/0.5=0.8

<u>유로화는 달러에 대하여 20% 평가절하되어 있다.</u>

2) 첫째 날: €/＄=2.5

[문제] €이 둘째 날 5% 평가절하 상태에 있다.
새로운 환율은 얼마인가?

[답] 0.4×0.95=0.38 1/0.38=2.6316

<u>새로운 환율은 2.6316€/＄</u>

3) €/＄=2.5

[문제] 달러가 5% 평가절하되었다. 새로운 환율은 얼마인가?

[답] 2.5×0.95=2.3750

$\underline{2.3750 €/\$}$

2.4. 교차비율(cross rate)

1) €/$=2.5

Sw.f/$=2.00

[문제] Sw.f/€은 얼마인가?

[답] 2.00/2.5=0.8

$\underline{0.8Sw.f=€}$

2) €/$=2.5

$/Sw.f=0.5

[문제] €/Sw.f의 환율은?

[답] 2.5/(1/0.5)=2.5/2=1.25

$\underline{1.25€/Sw.f}$

2.5. 선도환 프리미엄(premium) 혹은 할인(discount)

€/$(현물)=2.5

€/$(6개월 선도환)=2.6

[문제] 선도환 €의 가격은 달러에 대해서 연개념(yearly basis)으로 몇 % 할증 혹은 할인 상태에 있는가?

[공식] (연개념으로 계산 시)

$$\frac{(선도환가격 - 현물가격)}{현물가격} \times \frac{12}{개월 수} \times 100$$

[답] 1/2.5=0.4 $/€

1/2.6=0.3846 $/€

공식에 적용하면

(0.3846-0.4)/0.4×(12/6)×100=-7.7%

약 7.7% 할인(discount) 상태에 있다.

[요점정리]

1. 환율의 결정이론에 대하여 세부적으로 이론적인 전개를 알아보았다. 이론으로는 구매력평가설, 피셔효과, 국제피셔효과, 이자율평가설 등이 있다.
2. 환율을 실제로 산정하는 계산법을 알아보았다. 평가절상, 평가절하의 개념과 할증(premium)과 할인(discount)의 개념을 이해하고, 연개념에서 이들의 계산법과 어떠한 화폐가 이에 해당하는지를 이해한다면 강의를 이해한 것으로 볼 수 있다.

[참고문헌]

강영수, 『기업재무전략』, 한솔미디어, 2013.
강호상, 『국제기업재무론』, 법문사, 1996.
김영래, 『글로벌경영』, 법문사, 2009.
민상기·정창영, 『글로벌 재무전략』, 명지사, 2012.
박영규, 『글로벌파이낸스』, 삼영사, 1999.
박종원, 『재무관리전략』, 21세기북스, 2011.
이장로·신만수, 『국제경영』, 무역경영사, 2010.
임태순, 『경영학의 이해』, 한국학술정보(주), 2012.
임태순, 『재무관리의 이해(공저)』, 법문사, 2012.
임태순, 『주식시장과 투자』, 한국학술정보(주), 2011.
임태순, 『핵심재테크』, 이담북스, 2010.
임태순, 『금융시장』, 한국학술정보(주), 2010.
전용욱·김주헌·윤동진, 『국제경영』, 문영사.
조갑제, 『국제금융』, 두남, 2009.
최낙복, 『국제금융』, 두남, 2011.

국제기업의 재무전략

[학습목표]

1. 정치적 위험이 무엇을 의미하는지에 대해 학습을 한다.
2. 정치적 위험을 측정하는 방법에 대해 학습을 한다.
3. 정치적 위험의 관리전략에 대해 논의한다.

제10장 정치적 위험과 관리전략

[들어가기]

소로스, 이번엔 유로화 공격…
92년 파운드 공략 때와 같은 전략[15]

파운드화 대거 팔아 EMS 붕괴시켰듯…
美 헤지펀드들 유로화 매도 공모 의혹

■ 유로화 하락 통화전쟁 조짐

1992년 9월. 이탈리아 일간지 '라 레푸블리카'는 "유럽이 산산조각 났다"는 제목의 기사를 내보냈다. 독일, 프랑스, 영국 등 유럽 국가의 화폐 가치를 하나로 묶은 통화제도(EMS)가 영국과 이탈리아의 탈퇴로 사실상 붕괴됐음을 뜻하는 기사였다.

그리고 이 붕괴를 조장한 주범으로 지목됐던 조지 소로스는 유유

---

15) ≪매일경제신문≫, 2010년 3월 4일자 기사 내용

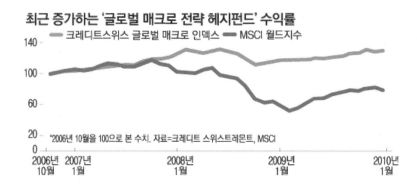

최근 증가하는 '글로벌 매크로 전략 헤지펀드' 수익률

크레디트스위스 글로벌 매크로 인덱스　MSCI 월드지수

'2006년 10월을 100으로 본 수치. 자료=크레디트 스위스트레몬트, MSCI

히 1993년 8월 '뉴스위크'에 이런 기고문을 싣는다.

"내가 남들보다 나은 이유는 나의 실수를 인정하기 때문이다. 사람들은 흐름을 읽고 비판적으로 생각한다는 것이 얼마나 중요한 일인지 모르는 것 같다. 유럽 정부들은 자신들이 범한 잘못을 인정하려고 하지 않는다. 얼마나 놀라운 일인가."

이처럼 유럽 공동 통화시스템을 붕괴시킨 뒤 유럽 각국 정부의 비합리적 선택에 대해 통렬한 비판을 날렸던 소로스가 이번엔 유로화 붕괴에 투자하고 있다. 그것도 1992년 당시 영국 파운드화와 이탈리아 리라화를 공격했던 것과 매우 흡사한 논리로 유로화 하락에 배팅 중이다.

월스트리트저널(WSJ)은 미국 법무부가 소로스펀드매니지먼트와 SAC캐피털어드바이저스, 그린라이트캐피털, 폴슨&Co 등에 대해 서한을 보내 유로화와 관련된 매매 기록과 이메일 등을 유지할 것을 요청했다고 보도했다.

이들 헤지펀드 매니저들이 함께 모인 자리에서 유로화 가치가 달러화 가치와 동등해질 때까지 떨어질 것이란 얘기를 나눴으며, 다른 트레이더들에게 유로화 가치 하락에 투자하라고 부추긴 것으로 알

1992년 유럽통화제(EMS) 붕괴와 2010년 유로존 위기

려졌다. 법무부는 이런 모임이 일종의 공모로 여겨질 수 있다고 보고 있다.

전문가들은 소로스가 1992년 파운드화와 리라화를 공격할 때와 지금 상황이 유사하다고 보고 있다.

당시 독일은 동독 투자 때문에 발생한 인플레이션을 막기 위해 금리를 2년간 10차례나 올렸고, 이 때문에 투자자들은 독일 채권(분트·Bundt)에 매력을 느끼고 있었다. 이 때문에 유럽의 다른 통화들을 매도하고 독일 마르크화를 사겠다는 투자자 수요가 급등했다. 자연스럽게 파운드화나 리라화 가치는 떨어지고 마르크화 가치는 올라가야 당연했다. 그러나 파운드화 가치는 충분히 떨어지지 못했다. EMS가 독일, 프랑스, 영국 등 유럽 주요 국가들의 환율을 고정시키는 제도였기 때문이다.

파운드화가 급락했지만 EMS를 유지해야 하는 의무가 있었던 영국은 "파운드화 가치 하락은 영국에 대한 배신"이라며 소로스를 비난하기 시작했다. 그러나 소로스를 비롯한 금융시장 투자자들은 파운드화 가치 하락에 더 무게를 뒀다. 1992년 9월 급기야 영국은 EMS를 포기하겠다고 선언했다.

지금도 당시와 상황이 비슷하다. 그리스를 비롯한 PIIGS(포르투갈, 아일랜드, 이탈리아, 그리스, 스페인)의 재정위기 때문에 이들 국가의 통화 가치는 지금보다 더 떨어져야 정상이다. 여기에 미국이 출구전략을 시사하면서 채권 금리가 올라가고 있어 유로화를 팔고 달러화를 사려는 투자자 수요가 늘고 있다.

그럼에도 불구하고 독일 등 국가들이 건재하기 때문에 유로화 가치는 충분히 하락하지 않고 있다.

유로화는 연초 이후 6% 떨어지는 데 그쳤다. 이 때문에 소로스 같은 글로벌 매크로 전략을 사용하는 헤지펀드들이 투자하기 알맞은 환경이 조성된 것이다.

파이낸셜타임스에 따르면 지난 2월 초 70억 달러 수준에 불과했던 유로화 공매도 포지션은 3월 현재 121억 달러에 달하는 것으로 추정됐다. 소로스는 지난달 28일 CNN과의 대담에서 "유로존 중 한 나라가 위기에 처하면 통화 가치를 절하해야 하는 것이 정상이지만 유로화는 고정되어 있다"고 말했다.

소로스가 투자하는 방식인 글로벌 매크로 헤지펀드 전략은 1994년 소로스가 일본 중앙은행을 공격했다가 실패한 이후 시장에서 변변한 활동을 하지 못했지만 최근 각국 재정위기가 가중되면서 수익률이 다시 상승하고 있다.

1. 정치적 위험의 의의

1.1. 정치적 위험의 개념

1) 정치적 위험

(1) 정치가 불안하거나 예측 불가능함으로써 기업경영활동에 부정적인 영향

(2) 기존 정책의 변경이나 법률개정을 초래하는 정치적인 변화

(3) 정치적 위험은 독립변수로서 기업의 의사결정에 지대한 영향

2) 정치적 위험의 종류

<표 10-1> 정치적 위험의 종류

위험 유형	정치적 위험의 유형
일반적 불안정 위험	체제전복, 폭동, 혁명, 전쟁
소유권, 지배력 위험	강제수용, 국유화
운영 위험	규제에 해당하는 것 (수입규제, 현지자원 사용제한)
이전 위험	송금, 자본이전, 환율의 안정성

3) 정치적 위험과 국가위험

<표 10-2> 정치적 위험과 국가위험

관 점	정치적 위험	국가 위험
노출대상	FDI 기업	다국적 은행
노출형태	국유화, 수용, 테러	상환동결, 채무상환불능
위험기간	위험종료까지 무기한	중단기

2. 정치적 위험의 측정

2.1. 정치적 위험의 원천과 원천이 되는 집단

<표 10-3> 정치적 위험의 원천과 원천의 집단

위험의 원천	원천의 집단 → 영향
정치이념의 상반	집권정부 & 행정부서 → 재산몰수, 재산수용
사회불안, 무질서	의회 내 세력집단 → 재산수용, 운영상의 규제
FDI기업의 이해관계	일반 대중집단 → 운영상의 규제(고용정책 등)
새로운 외교관계 형성	내란지원정부 → 차별정책(조세 등)

2.2. 정치적 위험의 측정

1) 주관적인 평가요소(예측과 그에 대한 영향을 판단)
2) 평가결과에 대한 신뢰성과 정확성의 한계
3) 방법: 정성적 기법, 정량적 기법, 통합적 기법

2.3. 정치적 위험의 측정방법

1) 정성적 기법
(1) 현지방문조사: 백문이 불여일견
(2) 고문제도(Old hands): 투자국의 전문가를 영입하여 지식을 활용
(3) 체크리스트 방식(Check List Method): 동일한 평가지를 작성

하게 하여 평가

(4) 델파이 기법(Delphi Forcasts): ②+③

2) **정량적 기법**

(1) 통계적 기업 이용

(2) 많은 독립변수(예: 국민소득, 에너지 소비, 데모 빈도수, 쿠데
타)를 산출하여 작성

3) **통합적 기법**

(1) 정량적 분석+정성적 분석

(2) 시나리오 분석기법 등

3. 정치적 위험의 관리전략

3.1. 투자 전의 관리전략

1) **진출포기 여부 결정**

(1) 정치 불안정 분석: 혁명, 체제전복, 전쟁 등의 발생가능성이
높으면 포기

(2) 소유권, 통제위험 평가: 몰수, 수용, 국유화 가능성

(3) 운영위험 분석: 수입규제, 노동법규

(4) 수익이전

2) **지분의 최소화**

(1) 위험으로 예상되는 손실 최소화 전략

(2) 현지 투자액 최소화

(3) 현지투자 대신 라이선싱 계약

3) **국제적인 통합**

(1) 해외자회사가 혼자 독립적으로 운영되는 데 어려움이 있게 운영

(2) 생산, 마케팅, 부품조달 등을 국제적으로 통합

4) **보험가입**

5) **현지정부 보증과 투자보장 협정**

3.2. 투자 후의 관리전략

1) **선량한 기업시민으로서의 역할**

(1) 지역사회와 원만한 관계유지

(2) 지역주민 고용, 학교지원, 도로확장

2) **현지화 정책**

(1) 현지산업육성: 현지업체로부터 납품

(2) 관련업체와 동반 진출하여 일괄생산체제

3) 적극적인 기술이전

(1) 현지인의 교육 강화

(2) 기술이전

4) 투자보험과 국제투자협약 가입

3.3. 위험발생 이후의 관리전략

<표 10-4> 위험발생 이후 관리

단계	전략의 내용
1단계	협상(I) 경제적 기여도 강조 철수로 인한 부정적 효과 강조 기술과 자본의 제공
2단계	협상(II) 본국정부에 개입요청 다른 외국기업과의 연대
3단계	법률적 조치 현지국 법원에 제소 본국 법원에 제소
4단계	철수 기업의 공개매각 회수가능자산의 측정

[요점정리]

1. 정치적 위험이란 아래와 같은 영향을 주는 행위를 의미한다.

   ① 정치가 불안하거나 예측 불가능함으로써 기업경영활동에
      부정적인 영향

② 기존 정책의 변경이나 법률개정을 초래하는 정치적인 변화

③ 정치적 위험은 독립변수로서 기업의 의사결정에 지대한 영향

2. 정치적 위험의 측정 방법은 아래와 같다.

① 주관적인 평가요소(예측과 그에 대한 영향을 판단)

② 평가결과에 대한 신뢰성과 정확성의 한계

③ 방법: 정성적 기법, 정량적 기법, 통합적 기법

3. 투자 이후 관리전략은 ① 선량한 기업시민으로서의 역할, ② 현지화 정책, ③ 적극적인 기술이전, ④ 투자보험과 국제투자 협약 가입 등이 있다.

[참고문헌]

강영수, 『기업재무전략』, 한솜미디어, 2013.

강호상, 『국제기업재무론』, 법문사, 1996.

김영래, 『글로벌경영』, 법문사, 2009.

민상기·정창영, 『글로벌 재무전략』, 명지사, 2012.

박영규, 『글로벌파이낸스』, 삼영사, 1999.

박종원, 『재무관리전략』, 21세기북스, 2011.

이장로·신만수, 『국제경영』, 무역경영사, 2010.

임태순, 『경영학의 이해』, 한국학술정보(주), 2012.

임태순, 『재무관리의 이해(공저)』, 법문사, 2012.

임태순, 『주식시장과 투자』, 한국학술정보(주), 2011.

임태순, 『핵심재테크』, 이담북스, 2010.

임태순, 『금융시장』, 한국학술정보(주), 2010.

전용욱·김주헌·윤동진, 『국제경영』, 문영사.

조갑제, 『국제금융』, 두남, 2009.

최낙복, 『국제금융』, 두남, 2011.

[학습목표]

1. 환율변동으로 인한 환위험을 특징별로 분류해보고 이를 이해하는 데 주안점을 준다.
2. 환위험에 대한 hedge기법에 대해서 알아보고 환위험에 대한 실효성 있는 관리방법에 대해 연구해본다.

제11장 환위험 관리와 헤징전략

[들어가기]

　이번 장의 들어가기는 우리나라 국민이면 누구나 모두 고통스러웠던 외환위기 당시의 상황을 다시 유추해볼 수 있는 내용임.

금융권 대폭발[16]

　"금융감독위원회는 1998년 6월 29일 은행경영평가위원회에서 최종 금융감독위원회를 개최하여 다음과 같이 결정했습니다."

　금감위는 이날 금감위 9층 대회의실에서 5개 부실은행 정리와 7개 은행에 대한 강도 높은 자구노력을 전제로 한 조건부 승인 내용을 내외신 기자회견에서 발표했다. 금융권의 핵인 은행권이 대폭발(빅뱅)하기 시작했음을 알리는 신호탄이다. 아울러 금융기관은 결코 무너지지 않는다는 불패의 신화가 동시에 처절하게 깨졌다.

---

16) 출처: ≪매일경제신문≫, 1998년 6월 29일자 기사 내용

은행에는 그동안 고용안전지대라는 수식어가 붙어 다녔고 은행원은 화이트칼라의 대명사였다. 하지만 이번 5개 퇴출은행의 임직원 1만 544명(4월말 기준)뿐만 아니라 우량은행도 고용불안에 떨기는 마찬가지다. 지난해부터 꾸준히 인원을 줄여왔지만 감원속도가 더욱 빨라지고 다행히 자리를 보전하게 되는 퇴출은행 직원들도 마음 놓고 다리를 뻗을 처지는 아니다.

불과 10여 일 전에는 굴지의 대기업 계열사를 포함해 55개사가 은행들로부터 퇴출 판정을 받아 눈물을 삼켰다. 가위 1998년 6월은 '잔혹한 달'로 한국 경제사의 한 페이지로 장식될 것이다. 이 같은 고통은 앞만 보고 달려온 한국 경제에서 곪을 대로 곪은 부위를 도려내는 구조조정의 과정에서 불가피하다.

하지만 이제 퇴출은행 선정은 한국 경제의 패러다임을 바꿔야 하는 전 과정에서 볼 때 시작에 불과하다. 퇴출되는 대동은행의 중견 간부는 "우리 은행보다 못한 부실은행도 살아남게 됐는데 어찌 이를 수긍할 수 있겠느냐"고 분노감을 표시했다. 이 은행은 지난 주말부터 이미 직원 가족들까지 함께 농성에 들어간 상태다.

은행 살생부 작성에 직접 간여한 금융감독위원회와 은행경영평가위원회는 물론 최대한 객관성을 기했음을 강조하고 있다. 금감위는 어떻든 경평위의 판정 결과를 대부분 수용해 퇴출은행의 뚜껑을 열어젖혔고 이 날 새벽 경찰의 호위 속에 인수 작전에 들어갔다.

주식이 휴지조각으로 변한 정리 은행의 주주와 일자리를 언제든지 잃을 수 있는 처지인 은행원들은 눈물을 흘뿌리고 있다. 이제 이들의 눈물이 결코 헛되지 않고 소중한 기회가 되도록 하는 것은 우리들의 몫으로 남겨진 셈이다.

1. 환위험 관리

　환위험은 기업의 외환거래에서 발생할 수 있는 위험을 말하는데, 이러한 환위험에는 거래적 노출, 환산노출, 경제적 노출 등이 있다. 따라서 이런 노출의 의의를 살펴보고, 노출의 효과와 측정 등에 관하여 살펴본다.

1.1. 거래적 노출

1) 거래적 노출의 의의

(1) 거래적 노출은 미래현금흐름과 관계가 있다는 점에서는 경제적 노출과 유사하나, 경제적 노출에 비하여 비교적 단기간에 일어나는 환노출이라는 점에서 차이점을 가진다. 거래적 노출은 외국통화로 표시된 재화나 용역의 외상매입과 외상매출(거래시점)이 결재시점의 환율변동으로 야기되는 경우도 있고, 아직 결재되지 않은 선도환계약의 경우에서도 발생될 수 있다. 또한 외국통화로 표시된 자산의 획득이나 부채의 발생 시에 결재시점의 환율변동의 경우도 발생될 수 있다.

(2) 실례
　한국의 서울기업이 미국의 기업에게 10,000달러의 제품을 판매하고 대금은 60일 후에 받기로 외상매출을 한 경우, 서울기업은 60일 후에 1,300만 원(sopt rate: 1,300원/1달러)을 수취하리라 예상했으나, 서울기업이 결재시점에 실제로 수취하는 금액이 1,200만 원(환율의 변동으로 1,200원/1달러)으로 되어서 서울기업의 거래적 노출이 100만 원의 손실이 되는 경우를 말한다.

(3) 서울기업의 입장에서 거래적 노출을 회피하기 위해서는 미국의 기업과 지불조건을 원화로 지불하도록 함으로써 거래적 노출을 회피할 수 있는데 이는 서울기업의 거래적 노출을 미국의 기업에게 이전하는 효과를 지닌다.

1.2. 환산노출

1) 환산노출의 의의

(1) 환산노출은 외화로 표시된 자산이나 부채를 자국의 통화로 환산하는 과정에서 환율의 변동으로 인해서 기업의 재무상태 및 성과가 변동하게 되는 위험이다. 회계적 노출은 거래적 노출과는 달리 이미 발생한 거래를 환산(translation)하는 과정에서 발생되는 거래이므로 단순한 장부상의 가치변동을 말하며, 현금흐름을 유발하지 않는 다는 차이점을 가진다.

(2) 적용하는 환율법

① 현행 환율법(current rate method): 작성일 현재의 환율을 적용
② 역사적 환율법(historical rate method): 특정한 거래 또는 사건이 발생한 당시의 환율
③ 평균환율(average rate): 일정기간의 환율을 평균한 환율

2) 환산노출의 측정방법

외국통화로 표시된 재무제표를 국내통화로 환산하는 과정에서 발생되는 환산노출로 인한 손익(profit & loss)은 외국통화에 노출되어 있는 부분에다 환율변동의 크기를 곱하여 구할 수 있다.

즉, 환산손익(profit & loss)=순노출×환율변동의 크기

3) 대응전략

외국통화의 가치가 하락하는 경우에 외국통화의 표시자산이 부채보다 많이 노출되어 있는 경우에는 환산손실(loss)을 보게 되고, 반대로 적게 노출되어 있으면 환산이익(profit)을 보게 된다. 즉, 재무관리 담당자들은 환율변동이 예상될 때에는 기업의 자산과 부채의 노출을 적절하게 조정함으로써 환산손익에 대응할 수 있다.

1.3. 경제적 노출

1) 경제적 노출의 의의

(1) 경제적 노출은 예상치 못한 환율변동으로 인한 미래의 기대현금흐름의 변화뿐만 아니라, 이러한 변동에 영향을 받는 기업가치의 변동 가능성을 의미한다. 따라서 경제적 노출은 환율변동에 따른 제품가격 및 제품원가의 변동뿐만 아니라, 모든 경제적인 변수의 변동이 기업의 미래현금흐름에 어떤 영향을 줄 것인가 하는 관점에서 기업의 총체적인 차원에서 종합적으로 평가되어야 한다.

(2) 경제적 노출은 예상된 환율의 변화에 대한 정보로 이미 시장

에 반영된 정보는 위험노출로 간주되지 않으므로 반드시 예상치 못한 환율의 변동에 따른 기업의 시장가치를 변화시키는 원인에 한정한다.

2) 경제적 노출의 효과

경제적 노출의 효과는 아래와 같이 세 가지로 나누어 생각할 수 있다.

(1) 단기의 경제적 노출의 효과

단기의 경제적 노출의 효과란 예상하지 못한 환율변동이 1년 이내의 단기간 동안에 현금흐름에 직접적으로 영향을 미치는 효과로서, 계약조건으로 인하여 실현된 현금흐름과 기대현금흐름 간에 발생되는 차이를 말한다.

(예) 한국의 기업과 미국의 기업이 수출관련 잠정계약을 체결한 후, 6개월 후에 실제거래를 시행하였는데 예기치 않은 환율변동으로 파기가 발생하는 경우

(2) 중기의 경제적 노출의 효과

중기의 경제적 노출의 효과란 예상하지 못한 환율변동이 통념적으로 2년에서 5년 정도(중기)의 기간 안에 기대현금흐름에 영향을 주는 경우로서 두 가지로 나누어서 생각할 수 있다.

① 외환 시장이 균형시장하에서(환율의 결정조건) 시간이 흐름에 따라 다른 변수들(가격과 비용)이 서로 균형을 이루어서 효과가 상쇄되어 결국은 노출의 효과가 제로에 근접하는 경우이다.

② 외환시장이 불균형시장하에서(환율의 결정조건) 시간이 지속되어도 시장의 불균형으로 인하여 가격과 비용이 변동되지 않기 때문에 경제적 노출효과가 지속되는 경우이다.

(3) 장기의 경제적 노출의 효과

외환시장이 만약 불균형 시장 상태에 지속하여 놓이게 된다면 경제적 노출의 효과는 5년 이상의 장기적인 관점에서도 변함없이 지속될 수 있다.

2. 헤징전략

헤징(위험회피)전략은 외환에 대한 위험(Fx risk)을 제거하기 위한 목적으로 행하여진다.

[사례]

우리나라의 수출업자가 미국에 상품을 수출하기로 계약을 맺고 상품선적을 완료하였다. 대금은 n개월 후에 달러화로 지급받기로 하였는데 이 수출업자가 환리스크에 노출된 자신을 보호하는 방법은 무엇인가? 현재의 외환가격(spot price)은 ₩1,300/$이나 미래에 한국의 원화가치 상승이 예상된다고 하자.

2.1. 선도환 시장을 이용한 헤징

헤징방법: 환리스크에 노출된 수출업자의 경우, 미래에 발생하는 수출대금을 선도환계약을 맺어서 자국통화에 대한 헤징을 할 수 있다.

(t=0) $1=₩1,300
← 선도환 계약 $1=₩1,250

예상: (t=n) $1=₩1,200

2.2. 금융시장을 이용한 헤징

헤징방법: 금융시장을 통한 헤징은 이 수출업자가 외화자산(달러)을 가지고 있을 경우, 우리나라의 통화 관점에서 미래에 발생하는 불확실한 경우에 해당하므로 달러화 금융시장에서 달러화 부채를 얻은 후에 나중에 갚는 방법으로, 달러화 통화에 대한 노출로 인한 위험 혹은 불확실성을 제거하는 방법이다.

1) t=n 후의 수출대금은 $x

2) t=0 시점에서 t=n 시점에 $x에 해당하는 금액을 얻음
   미래가치(FV=$x)이므로

$$\text{현재가치(PV: \$)}=\frac{\$\,x}{1+i*/(12/n)}$$

3) $\text{현재가치(PV: ₩)}=\dfrac{\$\,x}{1+i*/(12/n)}\times S_t$

4) 국내금융시장에서의 원리합계(위험회피된 원화가치)

$$\frac{\$\,x}{1+i*/(12/n)}\times S_{t\times\{1+i/(12/n)\}}$$

$$\text{즉, } x\times S_t\times\frac{1+i/(12/n)}{1+i*/(12/n)}$$

여기서,

S_t: 현물가격(spot rate)

$i*$: 외국의 이자율

2.3. 커버된 금리재정거래(covered interest arbitrage condition)

[사례]

Spot rate(현물환): $\$1.400/£$

3mon. Forward rate(선도환 3개월물): $\$1.386/£$

UK(영국) 이자율=12%/년

US(미국) 이자율=7%/년

거래규모: $\$2,800,000$ 혹은 $£2,000,000$

위와 같은 사례에서 재정거래가 발생하겠는가?

만일 발생한다면, 어떠한 거래를 하여야 하는가?

[개념] 재정거래(arbitrage condition)

재정거래란 '차익거래'라고도 하는데, 아무런 위험 없이 얻을 수 있는 수익이 존재할 때 발생하는 거래를 말한다.

[사례 해석] 이미 학습한 환율의 결정이론을 중심으로 해석해본다. 즉, 이자율이나 인플레이션의 차이가 선도환 가격과 차이가 있는가를 조사한다.

[문제해결]

절차 1. 양국의 이자율 차이는 5%

영국의 파운드화는 선도환율에서 4% discount 상태

절차 2. 지금, 미화 280만 달러를 빌린다.

나중에 갚아야 하는 미화의 원금은

280만 달러×{1+0.07/(12/3)}=$2,849,000

절차 3. $2,800,000을 영국의 파운드화로 바꿈

280만 달러/1.4=£2,000,000

절차 4. £2,000,000을 영국은행에 입금

$$2,000,000 \times \{1+0.12/(12/3)\} = £2,060,000$$

절차 5. 파운드화를 팔고(short position) 달러를 매입(long position)

$$2,060,000 \times 1.3860 = \$2,855,160$$

절차 6. 이익은 $6,160

$$2,855,160 - (2,800,000+49,000) = 6,160$$

따라서 시장에 참여했던 매매차액거래자(arbitrager)는 아무런 위험(Fx. risk) 없이 6,160달러를 손에 쥘 수 있다.

[요점정리]

1. 환위험은 기업의 외환거래에서 발생할 수 있는 위험을 말하는데, 이러한 환위험에는 거래적 노출, 환산노출, 경제적 노출 등이 있다. 이들 노출의 의의를 살펴보고, 노출의 효과와 측정 등에 관하여도 학습하였다.
2. 환위험을 관리하는 전략의 하나로 헤징전략에 대해 학습하였다. 구체적인 방안으로 선도환을 이용한 헤징과 금융시장을 이

용한 헤징전략을 살펴보았다.

[참고문헌]

강영수, 『기업재무전략』, 한솜미디어, 2013.

강호상, 『국제기업재무론』, 법문사, 1996.

김영래, 『글로벌경영』, 법문사, 2009.

민상기·정창영, 『글로벌 재무전략』, 명지사, 2012.

박영규, 『글로벌파이낸스』, 삼영사, 1999.

박종원, 『재무관리전략』, 21세기북스, 2011.

이장로·신만수, 『국제경영』, 무역경영사, 2010.

임태순, 『경영학의 이해』, 한국학술정보(주), 2012.

임태순, 『재무관리의 이해(공저)』, 법문사, 2012.

임태순, 『주식시장과 투자』, 한국학술정보(주), 2011.

임태순, 『핵심재테크』, 이담북스, 2010.

임태순, 『금융시장』, 한국학술정보(주), 2010.

전용욱·김주헌·윤동진, 『국제경영』, 문영사.

조갑제, 『국제금융』, 두남, 2009.

최낙복, 『국제금융』, 두남, 2011.

[학습목표]

1. 국제자금조달시장에 대해 논의한다.
2. 유로시장에서 유로통화와 유로예금에 대한 이해를 높인다.
3. 유로대출에 대하여 포괄적으로 논의한다.

제12장 국제자금조달전략

[들어가기]

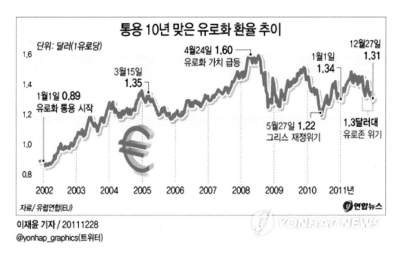

유로화의 부침 10년[17]

---

17) 내용&그래픽 출처: ≪연합뉴스≫, 2012년 12월 28일자 기사 내용

1.18달러(1999.1.1) → 0.83달러(2000.10.26) → 1.60달러(2008.7.15)
→ 1.31달러(2011.12.27)

유로화가 출범한 이후 기록한 미국 달러화 대비 환율의 주요 변곡
점이다. 유로화 위상의 변화를 여실히 보여준다.

내년 1월 1일 유로 지폐와 동전이 통용되기 시작한 지 10년을 맞
는다. 10년 전 독일 등 12개국에 지폐 150억 장, 동전 520억 개 등
6,460억 유로가 사실상 동시 배포되며 유로화가 시중에 모습을 드러
냈다.

현재 17개국의 인구 3억 2천만 명이 사용하는 유로화는 미국 달
러화와 어깨를 나란히 하는 세계의 기축통화로 이미 우뚝 섰다. 유
로화 가치는 세계 경제의 중요 요소로 자리매김했다.

도입 초기만 해도 유로화의 미래는 불안했다. 1999년 1월 유로당
1.18달러에서 출발한 유로화 가치는 줄곧 내리막길을 달려 '1유로=1
달러' 선을 힘없이 내줬다. 이어 2000년 10월에는 유로당 0.82달러
까지 추락했다.

그러나 유로화 통용 시작 시점에 다가서면서 흐름이 바뀌었다. 유
로화가 시중에 풀린 지 7개월 만에 '1유로=1달러'를 되찾았다. 상승
세는 멈추지 않았다. 속도의 차이는 있었지만 2008년 중반까지 전체
적으로 오름세를 탔다. 유로화 안정에 대한 낙관론이 지배했다.

가파른 속도로 오르는 유로화를 걱정하는 목소리들이 커진 때도
있었다. 2008년 유로화 가치가 유로당 1.60달러까지 치솟을 무렵이
었다. 유로화가 유로존 경제의 발목을 잡을 것이라는 우려가 고조됐
다. 유로화 가치 급등이 수출 경쟁력을 크게 떨어뜨릴 것이라는 걱

정이 프랑스를 중심으로 터져 나왔다. 일부 국가들은 유럽중앙은행(ECB)에 금리 인하에 대한 압박을 가하기도 했다. 미국과 중국 정부가 벌여온 세계 '환율전쟁'에 유로존이 가세하는 것 아니냐는 관측이 쏟아졌다.

기세등등하던 유로화 가치는 2009년을 기점으로 꺾였다. 그리스에서 시작된 재정 위기가 유로화 하락에 기름을 부었다. 그리스가 유로존으로부터 구제금융을 받기 직전인 지난해 5월 유로화는 1.22달러까지 떨어졌다. 그리스가 유로존을 탈퇴할지도 모른다는 불안감이 번졌기 때문이다. '1유로=1달러' 시대로 돌아갈 수도 있다는 전망이 쏟아졌다.

다만 재정 위기가 아일랜드, 포르투갈, 유로존 제3위의 경제규모인 이탈리아, 스페인 등으로 번지는 동안 유로화는 1.3달러 선을 버텨냈다. 유로존 해체론이 상존하는 와중에도 유로화 출범 이후 전 기간을 대상으로 하면 여전히 높은 수준에 머물고 있어 유로존 체계 지속에 대한 기대감도 크다는 점을 보여준다.

유로존 재정 위기는 과거 수년간 지속돼온 유로화 상승 국면에서 누적되어온 채무 문제라는 점에서 눈길을 끈다. 강한 유로화를 믿고 재정을 방만하게 운영한 데 따른 인과응보인 셈이다. 물론 남유럽 국가들이 유로화를 택하면서 상실한 환율정책 수단도 이들의 경제 기초 여건(펀더멘틀)을 약화시킨 요인 중 하나다.

경제 성장 측면에서 본다면 현재 유로화 가치는 그리 나쁜 수준은 아니며 '고평가'가 해소된 적정 범위에 있다는 게 유로존 당국의 보편적인 평가다.

그러나 유로존 전체가 재정 위기에 휩싸인 지금 유로화 가치는 재

정 위기의 향배를 가늠하는 지표로 읽히고 있다. 유로당 1.30달러에
접근한 유로화는 재정 위기가 장기간 계속될 것이라는 시장의 전망
을 반영하는 것으로 풀이되고 있다.

유로화가 유로당 1.20달러로 다가갈지, 아니면 1.50달러로 다가갈
지는 유로존 정부들의 위기 대응 성패에 달린 셈이다.

1. 국제자금조달시장

1.1. 국제자금조달시장의 의의

국제자금조달이 이루어지는 국제금융시장은 아래와 같이 4가지
측면에서 해석이 가능하다.

1) 국제금융시장이란 국제적인 금융거래가 이루어지는 물리적인
   공간을 의미하지 않고 국제간에 이루어지는 자금거래의 집합
   을 통칭한다.

2) 국제금융시장을 통한 거래의 유형은 외환의 교환, 자금의 차입,
   자본의 공여뿐만 아니라, 해외금융시장에 대한 투자 및 이들의
   보조수단이 되는 파생상품까지 모두를 포함한다.

3) 국제금융거래를 국내금융거래와 구분하는 기준으로는 아래와
   같은 세 가지를 들 수 있다.

(1) 거래당사자의 거주성(residency)

　　금융거래의 일방 혹은 양방이 거래발생지의 거주자가 아닌 경우에 국제금융거래로 구분한다.

(2) 거래의 통화표시(currency of denomination)

　　거래 발생지에 비추어 거래 발생지국의 통화가 아닌 다른 통화로 표시된 거래를 국제금융거래로 구분한다.

(3) 거래에 적용되는 규제(regulation)

　　거래 발생지 국가의 규제가 적용되지 않는 경우에 국제금융거래로 구분한다.

4) 국제금융시장의 기능

(1) 국제대차결제기능

　　국제무역을 통한 재화 및 용역거래나 자본거래의 결과로 이미 발생한 채권 및 채무를 원활하게 결재하는 수단을 제공한다.

(2) 국제무역금융지원기능

　　국제간의 무역거래에 대한 수출입대금을 융자해줌으로써 국제간에 교역을 촉진시키는 역할을 수행한다.

(3) 기타의 지원기능

　　단기무역금융, 투자 및 시설금융, 국제유동성의 부족을 해결하여 주는 해결사 기능을 수행한다.

1.2. 국제자금조달시장의 구성

1) 외환시장(Foreign Exchange Market)
외환시장에 관한 내용은 이미 학습한 내용으로 생략한다.

2) 유로시장(Euro Market)
유로시장은 역외시장(offshore market)은 특정통화로 표시된 국가를 벗어나서 이루어지는 거래로서 해당통화 발행국의 법적인 규제나 제재를 받지 않는 시장을 의미한다.

유로시장은 유로통화(Eurocurrency)시장, 유로예금시장, 유로대출(Eurocredit)시장, 유로채(Eurobond)시장 등으로 나뉘는데, 유로통화시장과 유로채시장은 매우 발달된 시장으로, 거래의 규모도 매우 커다란 시장이다.

유로시장의 발달동기로는 유로시장에서의 거래가 특정국가에 종속되어 있지 않고, 정부의 각종 규제로부터 해방됨으로써 거래에 수반되는 여러 가지 비용을 절감할 수 있다는 이점이 존재하기 때문에, 다국적기업이나 금융기관에 의한 거래가 주류를 형성한다.

3) 외국시장(Foreign market)
특정한 국가의 국내금융시장에서 국적이 다른 비거주자가 그 국가의 거주자나 자본을 대상으로 금융거래를 하는 형태로 그 나라의 법적인 제재나 규제를 받는 시장을 말한다.

4) 파생상품시장(Derivative Market)

최근 급증되고 있는 파생상품시장은 위험관리를 위한 시장에서 출발하여 중요한 시장으로 자리매김을 하고 있다.

1.3. 역외금융센터

역외시장(offshore market)은 거주민이 아닌 외국인들 사이에서 금융거래가 이루어지는 시장을 의미하고, 역외금융의 중심이 되는 금융시장들을 역외금융센터(offshore financial center)라고 한다.

1) 역외금융센터의 특징

(1) 역외금융센터에서는 외국 또는 역외화폐가 거래된다.

(2) 국내법이 적용되지 않기 때문에, 세금 및 외환관리의 관점에서 특혜가 주어진다.

(3) 주요고객은 국내에 거주하지 않는 비거주인이다.

2) 경제적 효과

(1) 역외금융센터는 자본시장의 발달을 촉진하여 지역경제의 발전 및 관련분야(은행, 법률, 고용 등)의 선진화를 촉진한다.

(2) 호텔 및 통신과 같은 주변산업에 많은 파급효과를 가져올 뿐만 아니라, 주재국 정부의 조세수입 증대에 기여한다.

(3) 국내경제를 국제화시켜주는 데 기여한다.

2. 유로시장

2.1. 유로통화시장

1) 의의

유로통화(Euro currency)란 통화를 발행한 이외의 지역 금융기관에 어떤 통화가 예금되어 거래되는 것을 의미한다. 이때에 거래되는 통화의 표시통화가 달러이면 유로달러, 엔화이면 유로엔이라고 칭한다[주의: 유로달러란 유럽에 예치된 달러만을 의미한다(T, F)].

따라서 유로통화시장이란, 유로통화로 표시된 예금이나 대출 등의 금융거래가 이루어지는 시장을 지칭한다.

2) 발전

역사적으로 보면, 1940년대 미국과 소련을 중심으로 양극체제가 진행되는 동안 소련을 중심으로 한 공산권 국가들이 미국정부의 적대적 자산에 대한 동결조치로부터 자신들의 달러예금을 보호하고자 자신들이 소유했던 달러예금을 유럽소재의 은행으로 옮기면서부터 시작되었다.

2.2. 유로예금

1) 종류

유로예금의 종류는 콜예금, 정기예금, 양도성예금증서 등의 형태로 나뉜다.

(1) 콜예금: 언제든지 인출가능한 초단기적인 예치형태

(2) 유로정기예금: 주로 변동금리를 적용

(3) 유로양도성예금증서(유로CD): 금리의 적용(고정 혹은 변동 금리), 만기, 발행금액 등이 표시되며, 은행이 발행(primary market) 하고 유통시장(secondary market)에서 거래된다.

2) 성격

자국 내의 예금과 다른 특성으로는,

(1) 유로달러 예금의 채무는 유로달러예금을 수취한 국가의 채무이다. 즉, 유로달러 예금의 채무는 미국이 아니다.

(2) 유로달러예금은 지급수단으로 사용할 수 없다. 즉, 미국적인 개념하의 수표(check)발행을 할 수 없다.

3. 유로대출

3.1. 유로대출시장의 의의

유로대출시장은 유로크레디트(Euro credit)시장이라고도 하며 원천은 유로달러 예금이다. 다국적기업이 주 고객이지만, 거대한 프로젝트와 연관되어 각국의 정부와 공공기관 등도 주요 고객이다.

유로대출은 3개월, 6개월 만기 정기예금에 대한 가산금리로 LIBOR(London Interbank Offered Rate)를 적용함으로써 운영되는데, 이는 급격한 금리변동의 위험으로부터 회피할 수 있다.

[함께 생각하기]

국내 생보사들의 역마진 사례: 유로대출금리는 국내금리보다 저렴하고 안정적인 경우가 많은데, 이는 유로시장이 각종 규제로부터 자유롭기 때문에 경쟁력을 확보할 수 있고, 국내금융기관의 관행인 담보설정 등을 요구하지 않기 때문에 발생하는 추가적인 비용을 절감할 수 있다.

3.2 유로대출의 형태

1) 크레디트라인 방식

은행이 설정한 신용한도(credit line) 내에서 차입하는 형태로 주로 단기거래에 이용된다.

2) 대출회전방식

단기보다는 중기 대출에서 사용이 되는데, 단기의 대출을 중기의 대출로 회전시키기로 약정된 방식이다.

3) 기간대출방식

기업에 대한 장기대출의 대표적인 방식으로 차입계약의 체결 이후 차입자가 특정기간 이내에 자금을 인출하고 약정에 따라서 상환하는 방식을 말한다.

1. 국제자금조달이 이루어지는 국제금융시장은 몇 가지 해석이 가능하다.

① 국제금융시장이란 국제적인 금융거래가 이루어지는 물리적인 공간을 의미하지 않고 국제간에 이루어지는 자금거래의 집합을 통칭한다.

② 국제금융시장을 통한 거래의 유형은 외환의 교환, 자금의 차입, 자본의 공여뿐만 아니라, 해외금융시장에 대한 투자 및 이들의 보조수단이 되는 파생상품까지 모두를 포함한다.

③ 국제금융거래와 국내금융거래는 여러 가지 기준으로 구분이 가능하다.

2. 유로 통화 및 유로예금에 대하여 알아보았다.

3. 유로대출은 3개월, 6개월 만기 정기예금에 대한 가산금리로 LIBOR(London Interbank Offered Rate)를 적용함으로써 운영되는데, 이는 급격한 금리변동의 위험으로부터 회피할 수 있다.

[참고문헌]

강영수, 『기업재무전략』, 한솔미디어, 2013.
강호상, 『국제기업재무론』, 법문사, 1996.
김영래, 『글로벌경영』, 법문사, 2009.
민상기·정창영, 『글로벌 재무전략』, 명지사, 2012.
박영규, 『글로벌파이낸스』, 삼영사, 1999.
박종원, 『재무관리전략』, 21세기북스, 2011.
이장로·신만수, 『국제경영』, 무역경영사, 2010.

임태순, 『경영학의 이해』, 한국학술정보(주), 2012.

임태순, 『재무관리의 이해(공저)』, 법문사, 2012.

임태순, 『주식시장과 투자』, 한국학술정보(주), 2011.

임태순, 『핵심재테크』, 이담북스, 2010.

임태순, 『금융시장』, 한국학술정보(주), 2010.

전용욱 · 김주헌 · 윤동진, 『국제경영』, 문영사.

조갑제, 『국제금융』, 두남, 2009.

최낙복, 『국제금융』, 두남, 2011.

[학습목표]

1. 국제직접투자전략에 대해 살펴본다.
2. 국제합작투자에 대해 학습한다.

제13장 국제투자전략

[들어가기]

현금 과도한 기업, 사고치기 쉽다[18]

파이낸스 분야 세계적 석학인 르네 스툴츠 미국 오하이오대 교수는 "미국 기업은 왜 과거보다 많은 현금을 보유하고 있을까"(2009년 9월, Journal of Finanace)라는 논문에서 미국 기업이 현금보유를

---

18) 출처: ≪매일경제신문≫, 2010년 9월 24일자 기사 내용

늘리는 첫 번째 이유로 '현금 흐름의 리스크 증가'를 꼽았다. 과거에 비해 기업이 변했다는 점도 주목했다. 지난 26년 동안 자산 대비 현금 비율을 분석한 결과 재고자산과 외상매출금이 줄어들고 연구개발(R&D) 집약 쪽으로 기업이 변하면서 현금보유의 필요성이 증가했다는 것이다. 미국 기업이 배당을 크게 줄여온 것도 현금 증가와 관련이 있다. 현금배당과 관련해 많이 인용되는 고전적인 논문 파머&프렌치 교수 논문 '사라진 배당'(2000년)에 따르면 1978년에는 미국 상장기업 중 66.5%가 배당을 했지만 1999년에는 20.8%로 줄었다. 이전에 비해 이익은 적고 성장 기회는 많은 소규모 기업 위주로 상장이 많이 됐기 때문이다. 매일경제신문은 스툴츠 교수와 이메일 인터뷰를 통해 기업의 현금보유의 득실과 기업 가치를 높이는 현금 관리 전략에 대해 알아봤다. 스툴츠 교수는 기업이 현금보유를 늘리는 이유는 불확실성 때문이지만 반대로 특별한 이유 없이 현금을 쌓아놓으면 경영진이 '사고를 칠 가능성이 많다'는 의견을 제기했다. 스툴츠 교수와 톱 저널에 논문을 여러 편 공동 게재한 고봉찬 서울대 교수가 인터뷰 내용에 대해 부연설명을 했다

− 당신 논문에 따르면 미국 상장기업의 자산 대비 현금 비율이 1980년보다 2배 높아졌다. 미국 연방준비제도이사회(FRB)는 최근 미국 기업의 현금보유량이 1조 8,400억 달러(2010년 3월 기준)에 달한다고 발표했다. 기업들은 왜 이렇게 현금에 매달리고 있다고 보는가?

▶ 최근 내가 쓴 논문 중 이 문제를 다룬 것이 있다. 금융위기는 상당한 '불확실성(Uncertainty)'을 가져왔다. 금융위기로 불확실성이 커지면서 기업들은 현금을 더 많이 보유하게 됐다. 최근 분석해보니 리먼브러더스 붕괴(2008년 9월) 이후 6개월 동안 미국 대기업의 현금보유액은 거의 1,000억 달러 가까이 증가한 것으로 나타났다.

− 월스트리트저널(WSJ) 기사를 보면 2009년 비금융업 분야 500대 기업의 자산 대비 현금보유 비율이 9.8%로 나타났다. 전년 7.9%보다 크게 높아졌다. 또 정보기술 분야 기업들이 타 산업에 비해 현금보유 비율이 더 높은 경향이 있는 것으로 분석했다. 이런 점이 시사하는 바는 무엇인가?

▶ 현금보유 비율이 높은 기업들을 일일이 명확하게 들여다보진 않았지만 대규모 자사주 매입 계획을 가지고 있던 기업들이 금융위기가 터진 2008년 9월 이후 그 계획을 늦춰갔다. 이로 인해 해당 기업들의 현금보유액이 크게 증가했다. 더 나아가 기업들이 대규모 투자를 해나가는 데 조심스러워했다. 최근 이런 산업에서 대규모 인수·합병(M&A) 소식을 조금씩 볼 수 있는데, 이는 상황이 변하고 있는 것으로 보인다.

− 과거 자료를 기초로 볼 때 최적 현금보유액은 어느 정도라고 생각하는가?

▶ 우리는 어떤 기업이 현금을 너무 적게 보유하고 있다거나 과도

하게 보유하고 있는지를 계산해내는 데는 능하다. 하지만 기업의 현금보유액이 많은지, 적은지 확신할 수 없는 넓은 영역이 있는 것도 사실이다.

너무 많은 현금보유로 인한 비용은 (현금의 수익률이 낮다는 점보다) 기업들이 과도한 현금을 사용하기 위해 어리석은 일을 벌이는 경향이 있다는 것이다. 따라서 현금 과다 보유 기업은 자사주를 매입하거나 배당금을 지급하도록 하는 것이 더 낫다.

이에 대해 고봉찬 교수는 "미래 자금 수요나 투자기회에 대한 예비적 동기 이상 보유한 현금을 보유하고 있으면 그만큼 기회비용이 발생한다"고 설명했다. 이 때문에 경영진은 자본비용에도 못 미치는 수익률이 나오는 투자처에 돈을 투자하는 소위 과잉투자(비관련 다각화 등) 오류를 범하게 되고, 결국 기업가치가 하락하는 사례를 흔히 보게 된다는 것이다. 과잉현금을 과잉투자로 소진하면 주주는 배당도 받지 못한 채 미래에는 주가 하락으로 자본손실까지 보게 된다. 고 교수는 "따라서 과잉현금은 과잉투자 대신 주주에게 돌려주는 것이 대리인 비용을 줄이고 경제 전체적으로도 바람직하다"고 설명했다.

대리인 비용(Agency cost)은 기업의 주인인 주주와 경영진 간 이해상충으로 인해 발생하는 문제를 의미한다. 확고하게 자리를 잡고 있는 경영진일수록 현금을 더 쌓아놓는 경향이 있으며, 동시에 이 초과 현금을 재빠르게 사용해버리는 성향도 나타난다. 뚜렷한 지배주주가 없는 신한금융지주 경영권 내분은 대리인 문제가 극단적으로 드러난 대표적인 사례다.

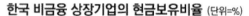

한국 비금융 상장기업의 현금보유비율 (단위=%)

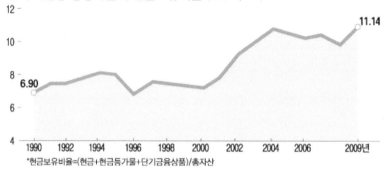

*현금보유비율=(현금+현금등가물+단기금융상품)/총자산

— 글로벌금융위기 이후 비용을 줄이고 직원을 해고하면서 현금을 쌓아갔던 기업들이 올해 들어 다시 투자하기 시작했다. 올해 적지 않은 인수 계획이 발표됐다. 지금이 새로운 비즈니스를 위해 인수를 시도하고 설비 투자를 하기에 적당한 시기라고 생각하는가. 최근 비즈니스 동향을 기업의 현금보유액이 최고점을 찍었다는 신호로 볼 수 있는가?

▶ M&A가 늘어나면 그동안 쌓아뒀던 현금을 소비하게 될 것이다. 하지만 시장에는 여전히 많은 불확실성이 존재한다. 미국에서는 더블딥에 대한 걱정이 빠르게 커지고 있다. 동시에 미국에서 세금이 높아질 가능성이 있는데, 이로 인해 단기적으로 배당 등을 하게 될 여지가 있다.

— 한국 기업들은 현금을 많이 보유하고 있더라도 M&A에 보수적인 경향이 있다. M&A와 관련한 조언과 성공적 인수를 위해 지켜야 할 원칙이 있다면?

▶ 나는 한국 기업들이 스마트하다고 생각한다. 인수 기업의 주주 측면에서 M&A기록을 보면 썩 좋지 않다. 상장된 젊은 기업이 아직 상장되지 않은 다른 젊은 기업을 인수하는 건 좋은 것으로 보인다. 하지만 상장된 지 오래된 기업이 다른 오래된 상장사를 인수하는 건 좋지 않다.

스툴츠 교수는 "인수 기업의 주주는 인수로 이득을 얻었는가"(2003~2004년)라는 논문에서 미국 상장기업의 인수 발표 1만 2,023건을 분석한 결과 기업이 인수를 발표했을 때 이들 기업 주주들은 전체적으로 2,180억 달러를 잃은 것으로 분석했다. 특히 1997년 이후 손실은 더욱 커졌다. 기업 규모별로 보면 소규모 기업의 주주는 80억 달러를 벌었지만 대규모 기업의 주주는 2,260억 달러를 손해 봤다.

고 교수는 "보통 피인수 기업의 초과수익률은 높게 나오지만 인수 기업의 수익률은 아주 낮다. 따라서 기업은 인수 대상 기업을 적극적으로 물색하면서 시너지 효과가 무엇인지 찾아내야 한다. 또 인수 이후 통합 과정에서 원래 기대했던 것을 만들어 내려면 상당한 노력이 필요하다. 또 최근 몇 년간 한국 기업의 합병을 분석해보면 상장기업이 비상장기업을 합병하는 형태가 많이 나타난다"고 설명했다.

S&P 500 현금보유액 상위기업	
	(단위＝억달러)
1	GE	1,160
2	시스코시스템스	391
3	마이크로소프트	367
4	포드자동차	347
5	구글	301
6	애플	243
7	월포인트	202
8	오라클	185
9	인텔	183
10	존슨&존슨	180

※ 2010년 1분기 기준. 자료=S&P's 캐피털IQ

한국 상장기업 현금보유액	
	(단위＝억달러)
1	삼성전자	89
2	현대차	62
3	포스코	53
4	LG디스플레이	28
5	SK에너지	18
6	현대제철	17
7	기아차	16
8	GS건설	12
9	하이닉스반도체	11
10	동국제강	10

※ 2009년 12월 결산. 달러환산. 자료=상장사협의회

- 어떤 기업들은 보유 현금을 인수나 투자 대신 현금 배당이나 자사주 매입에 사용하기로 결정하곤 한다. 배당이나 자사주 매입이 시장에 좋은 신호라고 생각하는가? 일부에선 배당이나 자사주 매입은 기업이 더 이상 새로운 비즈니스를 찾기 힘들다는 적신호로 받아들일 수 있다는 의견도 있다. 아울러 배당과 자사주 매입 가운데 장기적인 관점에서 주주에게 더 도움이 되는 건 무엇이라고 생각하는가?

▶ 기업은 배당을 줄이는 것을 극단적으로(Extremely) 싫어한다. 따라서 시장에 보내는 시그널로는 배당이 더 가치가 있다. 일단 기업이 한번 배당을 늘리고 나면, 이 정도 배당이 계속 유지될 것이라는 표시로 믿어진다. 하지만 자사주 매입은 그렇지 않다.

- 어떤 기업의 경영진은 보유 현금을 배당이나 자사주 매입 형태로 주주에게 기꺼이 돌려주지만, 또 다른 기업은 이를 꺼린다. 두 가지 기업 간에 어떤 특징적인 차이점이 있는가?

▶ 두 그룹의 기업 경영진 모두 올바르게 일을 하고 있다고 볼 수 있다. 더 많은 현금을 보유하려는 기업이 있는 반면 좀 적게 보유하려는 기업이 있다. 하지만 만일 기업이 특별한 이유 없이 현금을 많이 보유하고 있다면, 적정 수준을 넘는 현금은 주주에게 돌려줘야 한다. 최고경영자(CEO)가 이를 원하지 않는다면 이는 곧 기업 주인의 의사에 반하는 일을 하고 있는 것과 마찬가지가 된다.

— 만일 당신이 구글이나 애플 삼성처럼 현금을 많이 보유한 기업의 CEO라면 현금을 어떻게 관리할 것인가? 인수나 배당이나 자사주 매입 가운데 어떤 방식을 가장 선호하는가?

▶ 단기적으로는 자사주 매입이 현금을 의미 있는 방식으로 줄이는 가장 합리적인 방법이라고 본다.

이에 대해 고 교수는 "일시적으로 과잉현금이 있다고 현금 배당을 예년에 비해 대폭 늘리는 건 바람직하지 않다"며 "현금 배당의 증가는 기업의 미래현금흐름에 대한 전망이 양호할 때만 하는 것이 일반적인 만큼 이때는 자사주 매입이 낫다"고 말했다.

배당은 주주에게 배당소득세가 원천징수되지만 자사주 매입은 주주의 선택에 따라 달라지기 때문이라는 설명이다. 고 교수는 "미래 수익가치가 현 주가보다 크다고 판단하는 투자자는 주주로 남을 것이고 그렇지 않은 투자자는 주식을 매각해 투자금액을 환원받을 수 있다"면서 "자사주 매입은 주가 안정이나 적대적 M&A에 대한 방어수단 등으로 이용할 수 있어 미국에서도 배당보다 더 많이 사용되고 있는 추세"라고 덧붙였다.

1. 국제직접투자

국제직접투자(foreign direct investment: FDI)는 투자대상기업에 대한 경영참여와 통제권이 수반되는 국제투자이다

[비교]

국제간접투자(foreign indirect investment): 해외간접투자는 경영 참여와 통제권이 수반되지 않은 국제투자로서 자산운용을 목적으로 하는 국제증권투자(international portfolio investment) 등을 말한다.

1.1. 전략적 동기

1) **시장의 추구**(market seeker)
잉여생산에 대한 소비시장을 추구하는 전략으로 수출 등과 같은 해외시장의 개척을 통하여 시장을 확보하기 위하여 해외에 직접 투 자하는 경우에 해당한다.

2) **해외자원의 추구**(material seeker)
해외의 풍부한 원자재를 확보하기 위한 전략으로 해외에 투자하 는 행위로 고무, 원유, 석탄 및 임업분야의 투자가 이에 해당된다.

3) 생산의 효율성 추구(efficiency seeker)

자본, 노동 등과 같은 생산요소의 가격이 국내보다 해외에서 보다 경쟁력이 있는 생산요소를 얻을 수 있는 경우에 해외투자를 하는 것을 의미하며, 주로 노동집약적인 생산 활동에 많이 이용된다.

4) 기술 및 경영상의 Knowhow 추구(Knowhow seeker)

기술이나 경영상의 노하우를 얻기 위하여 해외 기업체를 인수하는 경우를 말하며 과거 일본이 경제성장을 구가하던 80년대 미국의 기업을 대상으로 많이 이용하던 기법이다.

1.2. 경제적 동기

1) 독점적 우위이론

해외직접투자를 통하여 현지국에 진출하는 기업은 현지국 기업에 비하여 많은 어려움(문화, 관습, 법적인 제도 등)을 극복할 수 있는 경쟁우위(competitive advantage)를 확보해야 되는데, 이런 경쟁우위의 원천으로는 다음과 같은 것이 있다.

(1) 규모의 경제: 해외직접투자를 통하여 기업활동을 확대함으로써 규모의 경제(economies of scale)로부터 오는 이점을 누릴 수 있어야 한다.

(2) 탁월한 지적자산: 다국적 기업은 기술, 경영 등의 측면에서 기업 특유의 탁월한 지적자산을 확보해야 한다.

　(예) 코카콜라

(3) 재무적인 우위: 다국적 기업은 자금조달원천이 전 세계적으로

다양할 뿐만 아니라 여러 국가에서 기업 활동을 하기 때문에 위험을 분산시킬 수 있다.

(4) 제품차별화: 다국적 기업들은 연구개발비 등에 막대한 투자를 하여 자사 제품에 대한 제품의 차별화를 달성하여 기업 특유의 경쟁우위를 확보할 수 있다.

2) 제품수명주기이론(Product Life Cycle: PLC)

신제품이 출현하고 나서 시간이 경과함에 따라 이 제품의 수명이 도입기, 성장기, 성숙기, 쇠퇴기를 겪게 되는데, 이러한 제품의 수명주기 이론에 따라 선진국, 중진국, 후진국은 각각 그 단계에 맞는 제품에 생산의 우위를 가지게 된다는 것이다. 즉, 저소득국은 표준화가 상당히 진전된 제품의 생산에 우위를 가지고 있고, 중진국은 표준화의 초기단계의 제품 생산에 우위를 확보하고 있으며, 선진국은 새로 개발된 제품의 생산에 우위를 확보하고 있다.

3) 내부화 이론(the Internalization theory)

기업 외부의 시장기구를 통하여 거래하기 어려운 기술이나 경영 등과 같은 지적재산은 기업 내부에서 이러한 거래가 더 효율적으로 수행될 수 있기 때문에 기업은 이를 내부화하는 것이 유리한 경우에 해외에 직접 투자한다.

1.3. 방어적 동기

1) **리더를 따르라**(follow the leader)

과점적 산업의 경우에는 한 기업의 움직임이 경쟁기업에 직접적인 영향을 주기 때문에 하나의 기업이 움직이면 다른 기업이 바로 따라서 해외 투자를 하는 경우가 있다.

2) **고객의 움직임을 따르라**(follow the customer)

주로 서비스와 관계된 산업에서 볼 수 있는 경향으로 고객의 해외 기업 활동에 필요한 서비스를 제공하는 법률, 회계 등의 서비스에서 볼 수 있다.

2. 국제합작투자

2.1. 국제합작투자의 의의

국제합작투자(international joint venture)란 공동으로 기업을 운영하기 위하여 서로 다른 나라의 투자선들 간에 자본은 물론 기술, 경영 등 여러 면에서 자원과 능력을 결합하는 것을 의미한다. 이러한 합작투자가 이루어지는 이유는 민족주의 의식이 확산됨에 따라 외국인 투자를 합작투자에 한하여 허용하는 국가가 많아진 환경적인 원인이 있고, 다른 이유는 투자를 허용한 국가가 외국인의 단독투자를 허용한다 할지라도 그 나라의 현지기업들과 협력적인 관계를 유지함으로써 얻을 수 있는 여러 가지 혜택(예를 들면, 위험의 분산)을 유지하기 위한 전략으로 볼 수 있다.

2.2. 국제합작투자의 장단점

1) 장점

(1) 시너지효과를 볼 수 있다. 합작투자의 파트너들이 결합하여 투입한 자원의 가치보다 더 큰 가치를 회수할 수 있을 뿐만 아니라 동시에 위험을 분산시킬 수 있는 효과를 가지고 있다.

(2) 능력 있는 해외파트너를 통하여 외국인 기업체는 해외 진출국의 정부 및 행정관청과 원만한 관계를 유지할 수 있고, 기타의 시장기반을 단시일 내에 확보할 수 있다.

(3) 합작투자를 통한 현지법인의 설립은 정치적인 위험을 감소시키는 효과를 가질 수 있고, 자금의 조달 및 투자, 또는 세금 등의 측면에서 혜택을 얻을 수 있다.

2) 단점

(1) 합작 파트너와 여러 가지의 관점에서 의견이 맞지 않을 경우에 경영상의 문제점 해결에 관한 의사결정에 충돌이 일어날 가능성이 있다.

(2) 합작투자의 과실인 발생한 이익을 파트너와 배분하는 과정에서 충돌의 가능성이 존재하므로 처음부터 명료하게 해둘 필요가 있다.

(3) 범세계적인 경영을 원하는 다국적 기업의 경우에는 합작투자

로 인한 초기의 빠른 경영정상화를 기대할 수 있지만, 합작기업체를 완전통제하지 못함으로써 범세계적 경영전략을 수행하는 데 제약을 받게 된다.

[요점정리]

1. 국제직접투자(foreign direct investment: FDI)는 투자대상기업에 대한 경영참여와 통제권이 수반되는 국제투자이다. 국제간접투자(foreign indirect investment)는 경영참여와 통제권이 수반되지 않은 국제투자로서 자산운용을 목적으로 하는 국제증권투자(international portfolio investment) 등을 말한다. 국제직접투자는 전략적 동기, 경제적 동기, 그리고 방어적 동기의 차원에서 투자가 이루어진다.

2. 국제합작투자(international joint venture)란 공동으로 기업을 운영하기 위하여 서로 다른 나라의 투자선들 간에 자본은 물론 기술, 경영 등 여러 면에서 자원과 능력을 결합하는 것을 의미한다.

[참고문헌]

강영수, 『기업재무전략』, 한솜미디어, 2013.
강호상, 『국제기업재무론』, 법문사, 1996.
김영래, 『글로벌경영』, 법문사, 2009.
민상기·정창영, 『글로벌 재무전략』, 명지사, 2012.
박영규, 『글로벌파이낸스』, 삼영사, 1999.

박종원, 『재무관리전략』, 21세기북스, 2011.
이장로 · 신만수, 『국제경영』, 무역경영사, 2010.
임태순, 『경영학의 이해』, 한국학술정보(주), 2012.
임태순, 『재무관리의 이해(공저)』, 법문사, 2012.
임태순, 『주식시장과 투자』, 한국학술정보(주), 2011.
임태순, 『핵심재테크』, 이담북스, 2010.
임태순, 『금융시장』, 한국학술정보(주), 2010.
전용욱 · 김주헌 · 윤동진, 『국제경영』, 문영사.
조갑제, 『국제금융』, 두남, 2009.
최낙복, 『국제금융』, 두남, 2011.

[학습목표]

1. 국제기업의 M&A(인수·합병)에 대하여 알아보는 데 학습목표를 둔다.
   M&A의 개념과 어떠한 유형의 인수·합병이 있는지에 대하여 살펴본다.
2. M&A에 관한 전략으로 공격적인 전략과 이에 대응하는 방어적인 기법
   에 대하여 학습한다.

제14장 국제기업의 M&A 전략

[들어가기]

M&A 최종 결정자는 CEO지만⋯
협상 배후 해결사는 CFO[19]

■ M&A, 축배? 혹은 독배?

인수·합병(M&A) 계획이 한창 추진 중인 한 기업의 회의실.

"능력 있는 임원 한 명을 지명해 A기업 인수로 인해 발생하는 비용을 줄이라고 맡기시죠."

"글로벌 전략은 인수 대상 기업이 성장할 수 있는 쪽으로 무게를 둡시다."

"주주란 주주는 한 명도 빼놓지 말고 특징을 파악해 우리 편으로 포섭해야 합니다."

세부 전략 수립부터 협상과정, 비용절감문제까지 하나도 빼놓지

---

19) 출처: ≪매일경제신문≫, 2010년 11월 26일자 기사내용

않고 진두지휘하는 이 사람은 기업 최고재무책임자(CFO)다. 모든 M&A의 최종 의사 결정자는 최고경영자(CEO)이지만 배후의 해결사(Deal Maker)는 바로 CFO다.

과거 CFO의 역할은 결산과 원가 심사, 재무제표 작성 등에 국한됐지만 이제는 기업의 의사결정을 직접적으로 지원하고 그 결정에 참여하는 최고경영인으로 중요성이 갈수록 커지고 있다.

스페인의 산탄데르 은행은 20여 년 동안 기업 인수를 통해 글로벌 랭킹을 52위에서 10위로 끌어올렸다. 지난 1994년 바네스토 인수를 시작으로 센트럴 히스파뇨(1999년), 영국의 애비(2004년), 미국의 소버린 뱅크(2006년), 네덜란드 ABN암로 매수 컨소시엄(2007년)까지 은행의 역사가 곧 인수의 역사다.

산탄데르의 호세 안토니오 알바레즈 CFO는 은행의 핵심 인수전략을 설계하고 실행하는 데 결정적인 해결사 노릇을 해왔다. 대표적인 것이 '멀티-로컬(Multi-Local)' 전략이다. 비용을 절감하고 체제를 효율적으로 운영하는 방침은 전 세계적으로 같지만 지리적인 위치에 따라 전략을 바꾸자는 것이다. 알바레즈가 강조하는 '지역화'는 지역 문화에 맞추기가 아니라 '그 지역에서 1등하기'다.

"우리는 소매 중심 리테일 은행이라서 시장점유율이 중요합니다. 최소한 시장점유율이 10%는 되어야 사업을 지속할 수 있다고 봅니다. 물론 중국이나 미국같이 큰 나라에서는 주별로, 지역별로 잘라서 목표를 정합니다." 산탄데르의 타 기업 인수는 CFO를 포함해 주요 임원들과 CEO가 주도적으로 결정하지만 일단 인수가 마무리된 기업들은 다른 안건과 마찬가지로 대하고 '그 부서 맡은 사람이 알아서 잘 해라'는 방침을 적용한다. 다만 합병 뒤 2~3년 동안은

CFO를 중심으로 "좀 더 신경을 써서 적응을 돕는다"고 한다. CFO 가 '합병 후 통합(Post Merger Integration)'에서도 핵심 역할을 담당 하는 것이다.

M&A 추진 과정

'자료=부즈앤컴퍼니

| 비전과 전략 구성 | ⟶ | 합병 전 M&A 정의와 계획 세우기 | ⟶ | 합병 후 계획과 통합 |

▶기업전략 ▶인수전략   ▶광의의 인수대상 물색 ▶구체적인 인수대상 리뷰 ▶M&A 정의 재확립 ▶자금조달 구조화   ▶확정 발표 ▶인수 후 정착 ▶M&A 종결 ▶합병 후 통합 ▶합병 후 재디자인

독일 도이체텔레콤의 CFO인 칼 에이크는 "CFO가 절대로 계산기 만 두드려서는 안 된다"고 강조한다. 그는 2000년부터 도이체텔레 콤에서 CFO로 일하면서 24개의 크고 작은 인수를 겪었다. 이 회사 의 M&A전략은 '잘하는 것을 더 잘하자'다. 미국의 보이스스트림 와이어리스, 영국의 원투원, 헝가리의 마자르텔레콤 인수도 이 같은 비전 아래 이뤄졌고 현재 전체 영업이익 중 절반 이상이 외국에서 들어오고 있다. 에이크 CFO는 "기업을 인수할 때 가장 중요한 질문 은 바로 시너지가 무엇인가"라며 "인수하는 과정 안에 모든 시너지 가 발현될 수 있는 계획과 로드맵이 그려져야 한다"고 강조했다. 특 히 "인수를 할 때 CFO는 모든 복합적이고 종합적인 면을 담당해야 한다"며 "자기 회사는 물론이고 피인수 회사의 조직 문화 전문가, 전략가, 혁신가가 되어야 시장에서 이 내용을 팔 수 있다"고 덧붙였 다. 그는 "반면 자기 자리와 권력만 믿고 '입으로만 떠드는' 임원은 인수에 별 도움이 되지 못한다"고 지적했다.

M&A는 사례마다 지향하는 목적도 다르고 적용되는 전략과 법칙 도 다를 수밖에 없다. 그러나 협상을 성공적으로 이끌어내고 '합병

후 통합'을 이뤄내기까지 CFO가 핵심적인 역할을 한 것은 어느 회사든 공통적이다.

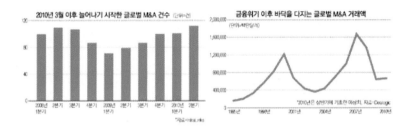

■ CFO는…

숫자에만 밝은 재무전문가는 필요 없다. 바야흐로 인수·합병(M&A)을 성공적으로 이끌기 위해 CFO가 여러 가지 '통합적인 덕목'을 갖춰야 하는 시대다. 물론 여기서 말하는 덕목은 철저하게 업무와 관련된 능력이다.

부즈&컴퍼니는 바이엘, 머크, 유나이티드헬스그룹, 듀크에너지 등 전 세계 15개 그룹의 M&A 사례를 분석하면서 CFO들의 세 가지 역할과 이를 위한 여섯 가지 법칙들을 제시한다.

첫째, CFO는 기업의 핵심적인 합병 전략가가 되어야 한다. 늘 CEO와 함께 이번 M&A가 과연 회사의 거시적인 비전이나 목표에 부합하는지 곱씹어봐야 한다. 그의 역할은 단지 '재무적으로 건전한가'에 제한되지 않고 보다 '질적인 질문'까지 확장된다.

피터 켈로그 머크사(社) CFO는 "갈수록 M&A는 한 기업이 다른 기업을 먹어버리는 차원이 아니라 라이선싱, 공동개발 등 파트너십을 통한 '윈-윈'을 위한 목적이 많아지고 있다"고 말했다.

두 번째 역할은 M&A의 시너지를 찾아내고 확대하는 시너지 매니저다. 이는 CFO가 '합병 후 통합' 계획을 세울 때 핵심적으로 고려해야 할 사항이기도 하다. 두 기업이 합병한 뒤 시너지를 창출해 낼 수 있는 시간은 의외로 짧다. 오랜 준비를 통해 재빠르게 이 기회를 포착해야 하는 것이다. 특히 합병 첫해에는 통합 노력이 잘못 흘러갈 위험 요소가 너무나 많다.

셋째, CFO는 비즈니스 통합자로서 인사와 조직 구성 등 재무 부문 외의 부서 통합에 대한 책임도 져야 한다.

특히 인수에 들인 돈을 정당화할 수 있는 성과 도출 시스템을 만들게 되는데 이 경우 CFO는 보상과 인센티브 제도를 설계하고 실행하는 핵심 책임자가 될 수밖에 없다. 심지어 직원들을 대상으로 기업의 핵심 가치에 대한 교육도 해야 한다.

이름가르트 하인츠 컨설턴트는 "CFO가 M&A에 따른 위험요인을 치밀하게 계산하고 혁신적인 전략과 수단을 동원하면 대부분의 협상은 성공한다"며 "결국 M&A의 성공 기회는 회사가 발전하고자 하는 '의지(willingness)'가 만들어 내는 것"이라고 갈음했다.

1. M&A의 의의

1.1. M&A 개념 및 유형

1) 개념

M&A(인수·합병)란 독립적인 두 기업이 하나로 합쳐지는 합병(merger)과 다른 기업을 매수하는 인수(acquisitions)의 합성어로 M&A라는 외래어로 표기되기도 한다. 따라서 인수·합병은 기업의 구조 조정 및 전략적 제휴를 포함하는 행위를 포함하는 모든 행위를 의미하며, 경영권의 이전 및 기업 퇴출의 수단으로 이용되기도 한다.

2) 유형

M&A에 대한 분류는 우선 인수와 합병에 따라 분류가 가능하며, M&A를 하는 의사 또는 형태에 따라서 여러 가지 유형으로 분류된다.
(1) 합병(merger)은 흡수합병(merger)과 신설합병(consolidation)으로 구분된다. 흡수합병은 A기업과 B기업이 합쳐서 A 혹은 B기업으로 새로 탄생되는 경우이며, 신설합병은 A기업과 B기업이 합병하여 새로운 C기업으로 발전하는 경우를 의미한다.
(2) 인수(acquisition)하는 방식은 주식인수(stock acquisition)방식과 자산인수(asset acquisition)방식이 있다.
(3) 피인수 또는 피합병기업의 의사에 따라서 우호적인 인수·합병과 적대적인 인수·합병으로 나뉜다.
(4) 형태에 따라 수평적인 합병, 수직적인 합병, 다각적인 합병으로 분류된다.

1.2. 인수·합병의 동기(motivation)

1) 시너지 효과: 규모의 경제(economics of scale), 절세효과
   (tax-cut effect)
2) 경영효율성 개선: 사업구조조정
3) 전략적 대응: 신규사업조정, New Project 등. 시장개척 차원
4) 경영자의 사적 이익: 경영자의 권력 추구

1.3. 인수·합병의 장점

1) 단독으로 해외직접투자로 해외 자회사를 설립할 경우에는 막
   대한 자금과 시간이 소요될 뿐만 아니라 설립 후 운영상의 불
   안정과 회수의 불확실성이 증대된다. 또한 합작투자로 해외합
   작기업체를 설립하고자 할 경우에도 적합한 파트너 선정의 어
   려움이 있고, 책임분담으로 인한 운영상의 어려움을 맛보게 된
   다. 이에 반하여 M&A는 현존하는 기업을 대상으로 하기 때문
   에 단시간 내에 해외시장의 진입을 용이하게 하고 국제경영의
   확대를 성취시키는 장점이 있다.

2) 자체적으로 개발하기 어려운 기술이나 경영의 기법을 싼 가격
   에 획득할 수 있다.

1.4. 인수·합병의 단점

1) 인수기업과 피인수기업은 서로 다른 이질적인 문화, 관리시스템 및 조직체계 등으로 인하여 인수 후에 완전통합을 통한 시너지 효과를 얻지 못하는 경우가 있다.
2) 인수 시의 가격을 과다하게 지불하기 쉽다. 즉, 인수 대상기업의 경영력, 기술력 등 기업 내부의 유형과 무형의 가치를 정확하게 평가하기 어렵다.
3) 통합과정에서 피인수 기업의 주요 경영자 및 핵심기술을 보유한 기술자 등을 잃을 가능성이 있다.

1.5. 인수대상이 되는 기업

1) 주인이 없거나 대주주 지분율이 낮은 기업
2) 현금흐름, 재무상태, 수익성에 비해 주가가 낮은 기업
3) 회사 내부에서 경영권 다툼이 있는 기업
4) 주식 취득이 용이한 기업

1.6. M&A의 순기능

1) 한계기업의 퇴출
2) 비효율적 경영진의 퇴출

1.7. M&A의 역기능

  1) 선의의 투자자 피해

  2) 인적, 물적 낭비 초래

2. M&A의 전략

2.1. 공격적 전략

  1) 시장매집(market purchase): 주식매집 전략은 은밀하게 진행
    (예) 과거 코스닥 기업에서 벤처기업이 상장 후 관리가 소홀할
       때 많이 사용된 전략

  2) 공개매집(tender offer/ take over bid 전략): 불특정 다수에게
     매수청약 유도
    (예) 과거 한미은행의 씨티뱅크 인수 시 사용되었으며 미국의
       경우 주로 사용되는 전략

  3) 위임장 대결(proxy fight): 위임받은 위임장을 이용하여 주주총
     회에서 의결

  4) 외각 때리기: 협력

2.2 방어전략

1) 예방적 방어
(1) 경영성과 개선
(2) 주식감시
(3) 투자 홍보

2) 전략적 방어[20)
(1) 여론에 호소
(2) 반대의견 표시
(3) 자기공개 매수
(4) 백기사(white knight): 평소에 우호적인 기업을 찾아 나서서 자신들의 기업을 인수해주도록 요청하는 전략
(5) 황금낙하산(golden parachute): 막대한 퇴직금 지급 등으로 대상기업 가치를 없애는 방법
(6) 왕관보석(crown jewel): 황금알(golden egg)을 낳는 주요 자산을 미리 매각처분하여 기업을 빈껍데기로 만드는 전략
(7) 독약(poison pill): 대상기업의 경영자가 인수기업의 주식을 인수의 성사 즉시 할인가격으로 매입할 수 있는 권리를 기존의 주주들에게 부여하는 것
(8) 팩맨(pac man): 인수대상 기업이 뒤로 돌아서 오히려 인수의사 기업을 역공으로 공격

---

20) 임태순 외 1인, 『재무관리의 이해』, 법문사, 2007, p.363.

[참고]

황금주(golden share): 공기업이 민영화할 때 인수 및 합병을 방지하기 위하여 정부가 주요의사결정에 대해 거부할 수 있는 거래가 불가능한 '특별주'를 말한다. 1984년 영국의 브리티시 텔레콤 민영화(1984) 때 처음으로 사용되었다.

2.3. 차입에 의한 인수(Leveraged Buy Outs: LBO)[21]

1) LBO의 위험

(1) 과도한 외부 자금을 동원하여 합병한 뒤 운영부실 등으로 현금흐름이 악화되면 원리금 상환이 불가능하게 되어 회사가 도산하게 된다.

(2) LBO 이후 금융시장에서의 이자율이 급상승하면 이자부담을 가중시켜 투자 매력이 없어진다.

(3) LBO 이후 증권시장이 침체되거나 폭락하는 경우 나중에 매각하거나 재상장하는데 기대수익을 얻기 어렵다.

2) LBO에 적합한 대상기업의 특징

(1) 영업적 특징

① 수익이 장기적인 경기변동에 크게 영향을 받지 않는 업체

② 유명브랜드와 강력한 시장지배력을 갖고 있는 상품의 생산 또

---

21) 임태순 외 1인, 『재무관리의 이해』, 법문사, 2007, pp.364-367.

는 판매업체

③ 제조원가가 낮아 상대적으로 비용상의 경쟁력이 있는 업체

④ 매출이나 수익 면에서 실질적인 성장이 안정적으로 전망되는 업체

(2) 재무적 특징

① LBO 전의 부채비율이 낮은 업체

② LBO에 수반하는 비용의 조달에 필요한 예측가능한 현금흐름이 있는 업체

③ 필요에 따라 분할 매각할 수 있는 사업부분이나 자산이 있는 업체

④ 수익 면에서 동업계 평균 이상의 수익률을 계속 유지할 전망이 있는 업체

3) LBO의 평가

(1) 장점

① 큰 폭의 절세효과

② 합병대상기업이 개인기업화 함으로써 적대적 기업합병의 방지

③ 경영효율성 증가(수익성 낮은 부문은 매각)

(2) 단점

① LBO로 인하여 자본이 감소하고 부채가 증가

② 합병 대상기업의 경영자가 LBO의 출자자로 참여하는 경우,

배임의 문제가 발생할 가능성(신규출자는 저렴 ↔ 기존의 입
장에선 고가로 매입)

[요점정리]

1. M&A(인수·합병)가 가지는 의미와 유형에 대하여 알아보고,
   인수·합병이 주는 의미와 동기 및 인수대상기업에 대하여 살
   펴보았다.
2. 전략적인 차원에서 인수·합병의 전략을 공격적인 입장과 방어
   적인 입장에서 구사할 수 있는 전략을 점검해보았다.

[참고문헌]

강영수, 『기업재무전략』, 한솜미디어, 2013.
강호상, 『국제기업재무론』, 법문사, 1996.
김영래, 『글로벌경영』, 법문사, 2009.
민상기·정창영, 『글로벌 재무전략』, 명지사, 2012.
박영규, 『글로벌파이낸스』, 삼영사, 1999.
박종원, 『재무관리전략』, 21세기북스, 2011.
이장로·신만수, 『국제경영』, 무역경영사, 2010.
임태순, 『경영학의 이해』, 한국학술정보(주), 2012.
임태순, 『재무관리의 이해(공저)』, 법문사, 2012.
임태순, 『주식시장과 투자』, 한국학술정보(주), 2011.
임태순, 『핵심재테크』, 이담북스, 2010.
임태순, 『금융시장』, 한국학술정보(주), 2010.
전용욱·김주헌·윤동진, 『국제경영』, 문영사.
조갑제, 『국제금융』, 두남, 2009.
최낙복, 『국제금융』, 두남, 2011.

국제기업의 재무분석

부록 1. 기업 성장전략 Buy보다 Borrow[22]

프랑스 인시아드 로렌스 카프론 교수, 3가지 기업성장 전략
M&A는 실패할 확률 높아...
필요 역량 키우고 빌려오는 '빌드' '바로' 전략도 고려

미국 제약회사 존슨앤드존슨은 1978년 자기공명장치(MRI) 선도기업이었던 테크니케어(Technicare)를 인수했다. 테크니케어가 보유한 특허와 연구개발 인력을 활용하면 MRI 시장을 장악할 수 있겠다는 계산을 했다. 그러나 인수·합병(M&A) 자체에만 집착했을 뿐 테크니케어를 어떻게 잘 통합할지에 대한 전략은 부재했다. 테크니케어의 핵심 과학자와 임원을 붙들어 MRI 개발에 집중했지만 결과는 실패로 끝났다. 지멘스와 GE의 공격 앞에서 테크니케어는 별다른 역할을 하지 못했다. 결

22) 출처: ≪매일경제신문≫, 매경MBA, 2013년 12월 7일자 기사 내용

국 존슨앤드존슨은 수억 달러를 투자한 테크니케어를 1986년 헐값에 되팔고 말았다.

MRI 분야에서 존슨앤드존슨을 무너뜨린 GE의 전략은 사뭇 달랐다. 존슨앤드존슨이 M&A를 통해 외부 기업을 매수하는 '바이(buy)' 전략을 쓴 것과 달리 GE는 내부 역량을 쌓는 '빌드(Build)' 전략에 초점을 맞추었다. GE헬스케어의 일본 내 자회사인 GE 요카가와 메디컬시스템이 대표적인 예다. 이 회사 연구자들은 내부의 연구개발(R&D) 역량을 집중해 모바일 MRI 개발을 시도했다. 이를 위해 본사 지침을 어기고 일부 예산을 전용하기까지 했다. 하지만 GE 본사는 이들을 문책하지 않았다. 오히려 중요한 혁신을 이뤘다고 칭찬하며 연구를 더욱 권장했다. 결국 모바일 MRI는 GE의 주요 생산품이 되었고 경쟁자인 디아소닉스(Diasonics)를 시장에서 몰아냈다.

성장하는 기업이라면 활발한 M&A를 통해 덩치를 불리는 기업을 연상하기 쉽다. 내부 역량을 기르면서 내실을 다지는 기업이나 타 기업들과 전략적 제휴를 맺는 기업들보다는 M&A에 돌입하는 기업이 훨씬 언론의 스포트라이트를 많이 받고 주가도 많이 움직인다.

그러나 M&A는 실패 위험이 매우 높다. 옛 대우그룹과 웅진 STX 등은 무리한 M&A로 외형 불리기에 나섰으나 결국 인수 기업에 발목이 잡혀 그룹 전체를 위기 상황으로 몰아넣었다.

로렌스 카프론(Laurence Capron) 프랑스 인시아드(INSEAD) 교수는 "기업이 성장에 필요한 자원을 조달하는 방법으로 인수·합병 같은 '바이' 전략에 집중하지 말고 다른 대안도 고려해야 한다"고 강조했다. 자원 조달 상황 등의 변수를 고려해 내부 역량을 키우는 '빌드' 전략, 제휴나 라이선스 등을 통해 외부의 역량을 빌려오는 '바로(Borrow)' 전략 등도 활용해야 한다는 뜻이다.

카프론 교수는 최근 매일경제 MBA팀과의 인터뷰에서 "기업이 커나가기 위해서는 M&A보다 빌드 또는 바로 방식이 훨씬 더 효과적일 때가 많다"며 "과거의 성장전략에 집착하지 않고 상황에 따라 가장 적합한 성장전략을 구사할 수 있는 기업들이 결국 시장에서 비교우위를 갖는다"고 밝혔다.

다음은 카프론 교수와의 일문일답이다.

사내인력·자원 풍부하다면 키워라
Build 전략

계약서 쓸만큼 믿을만하면 빌려라
Borrow 전략

제휴보다 결합이 더 쉽다면 사라
Buy 전략

— 빌드, 바로, 바이 등 3가지 전략을 간단히 설명해달라.

▶ 기업의 성장을 위한 여러 옵션을 세 개의 카테고리로 묶은 것이다. 빌드는 기업이 필요한 역량을 내부에서 키우는 것이다. 바로는 다른 기업으로부터 자신들이 원하는 역량을 빌려오는 것이다. 바

이는 아예 그 역량을 사들이는 전략이다.

문제는 많은 기업이 하나의 성장전략에만 특화된다는 것이다. 그래서 항상 똑같은 결정을 되풀이하고 최적의 결정을 못 내리게 된다. M&A를 통해 덩치를 키운 기업은 내적 역량은 무시하곤 한다. 반면 빌드에 지나치게 집중한 기업은 외부 역량을 활용하는 데 실패한다. 과거 일부 대형 제약회사들이 그랬다. R&D 역량을 내부에서만 키우려고 했다. 그 결과 내부 혁신에만 의존하게 되어 신약 개발이 늦어졌다.

— 기업의 역량을 키우는 수단 중 M&A를 최후의 수단으로 여기는 것 같다. 그러나 많은 최고경영자(CEO)들이 성공 가능성이 낮은 M&A에 몰두한다.

▶ 세 가지 이유가 있다. 먼저 대부분의 M&A는 전략으로 포장하기 쉽다. CEO들도 자신들의 전략은 M&A라고 주장한다. 그러나 M&A는 전략이 아니라 전략의 수단일 뿐이다.

또한 M&A는 성장 소스를 찾는 쉽고 간편한 길처럼 보인다. 쇠퇴하거나 이미 성숙해 성장의 여지가 없는 시장 상황에 위협을 받으면 CEO들은 성장을 갈구하게 된다. 성장에 대한 열정과 압박의 강도가 강해진다. 어떤 비용이라도 감수하고 성장 동력을 찾고 싶어 한다. 이럴 때 M&A의 유혹에 쉽게 빠져든다.

기업들 중 상당수가 이미 M&A를 위한 프로세스를 구축해놓았다는 점도 중요한 이유다. 과거 M&A의 성공 경험을 통해 구축한 기업 문화 또는 인력 배치의 프로세스가 새로운 M&A에서도 성공적으로 작동할 것이라고 오인한다. 결국 기업들은 자신들이 구축한 프로세스의 덫에 걸리는 셈이다.

― CEO들도 내부 역량을 키우는 빌드(Build) 전략을 펼치고 싶다고 말한다. 기존 인력을 활용해 새로운 사업으로 진출하고 싶어 한다. 하지만 이를 위해서는 기존 내부 직원의 진정한 가치부터 제대로 평가해야 하는 것 같다. 그러나 가치 평가에 실패하는 기업이 많다.

▶ 옳은 지적이다. 대부분의 기업들이 내부 자원을 과대평가하는 경향이 있다는 것이 문제다. 내부 역량을 강화해서 기업에 필요한 자원을 얻으려면 이 같은 한계를 극복해야 한다.

전통적인 종이 신문과 온라인 신문을 예로 들어 설명해보자. 미국이나 유럽에서는 대부분의 종이 신문사들은 내부 역량을 활용해 온라인 뉴스 분야에 진출하려고 했다. 그 결과는 대부분 실패로 끝났다.

종이 신문에서 일하던 사람이 온라인 뉴스와 종이 신문의 차이를 이해하는 것은 어렵다. 온라인 뉴스라는 새로운 환경을 제대로 겪지 않았기 때문이다. 그러면서도 자신의 능력을 과대평가하게 된다.

이런 경우에는 외부에서 온 사람이 더 경쟁력이 있을 수 있다. 온라인 뉴스와 종이 신문의 차이를 제대로 평가·진단하기 위해선 새로운 환경에서 온 사람들 위주로 팀을 짜서 일을 시작해야 한다. 이들이 내부 직원의 진정한 역량을 평가해 말해줄 수 있다. 팀 내에 다양성을 유지하는 것이 중요하다.

－ 외부에서 영입한 직원(외부 자원)이 내부 직원들(내부 자원)보다 경쟁력이 있을 수 있다는 사실을 내부 직원들이 받아들이기 쉽지 않을 것 같다.

▶ 외부 자원과 내부 자원 간의 격차를 제대로 평가하는 것은 기술적인 문제가 아니다. 조직 내부의 사회적 관성과 저항의 문제다. 특히 전통적인 산업에서 성장에 이해관계가 있는 사람들에게는 더 그렇다. 할 수 있는 능력이 있어도 하지 않으려는 경향이 있다. 다시 한 번 종이 신문의 예를 들자. 이제는 신문이 온라인으로 배포되는 것이 당연하게 여겨지지만 몇 년 전까지만 해도 전통적인 저널리스트는 온라인 기사를 안 쓰려고 했다. 종이 신문보다 급이 낮다고 여겼기 때문이다. 저널리스트들은 온라인 기사를 못 쓰는 것이 아니라 디지털 플랫폼으로 가는 데 저항했을 뿐이다. 결국 내부 자원과 외부 자원 사이의 격차를 제대로 평가하고 내부 자원을 육성하는 것은 조직 안의 관성을 진단하고 극복하는 문제다.

－ 바로(Borrow)는 흥미로운 방법이다. 애플 아이폰은 구글로부터 지도 애플리케이션을 빌려왔다. 어떠한 기업이 제휴나 라이선스 계약 등과 같은 바로를 잘하고 있는가? 또 못한 기업은 어디인가?

▶ 제약산업에서는 머크(Merck)가 바로를 잘한 기업이다. 1990년대 후반부터 머크는 라이선스 계약, 제휴 등과 같은 바로 전략에 뛰어들었다. 반면 다른 제약사들은 내부 개발에만 의존했고 결국 어려움을 겪었다. 쉐링(Schering)처럼 머크에 인수되기도 했다. IT분야에

서는 애플이 모범 사례다(수많은 파트너들이 애플 아이폰의 애플리케이션을 공급하는 데에서 알 수 있듯이). 파트너들과 커다란 생태계를 구축했다. 반면 RIM은 14년 동안 내부 역량에만 의존해 블랙베리를 개발했다. 파트너십이나 M&A도 없었다. RIM이 스타트업 기업들과 함께 생태계를 구축하기 시작한 지는 겨우 3년인데 이미 늦었다고 할 수 있다.

결국 여러 사례를 통해 확인할 수 있는 것은 하나의 성장 전략을 고집하는 것보다는 내부 역량 개발, 제휴, 인수 등 다양한 성장 전략을 적절히 조합해 구사하는 회사가 훨씬 성과가 좋다는 것이다.

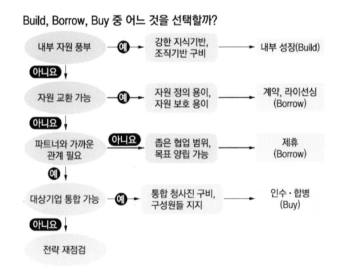

Build, Borrow, Buy 중 어느 것을 선택할까?

- CEO들은 타 기업과의 제휴에 대해선 여전히 의심을 거두지 않고 있다. 상대에 대한 신뢰 등이 문제가 되는 듯하다.

▶ 사실 기업들이 여기서 완전히 벗어나기는 어렵다. 그러나 혁신이 여기저기서 이뤄지고 있는 상황에서 기업들이 외부의 자원을 원활하게 가져오려면 제휴 전략이 필요하다. 특히 신흥시장에 진출하거나 빠르고 역동적인 시장 환경에 적응해야 한다면 제휴 전략은 절대적으로 중요해진다. 제휴는 파트너와 함께 실험하고 배워 산업생태계를 더 잘 이해할 수 있는 옵션이라고 본다.

― 강한 내부 문화가 이미 구축된 곳에서도 제휴나 라이선싱과 같은 전략이 필요한가?

▶ 애플은 기업 내부의 열정에 가치를 뒀음에도 불구하고 결국 외부지향적인 성장전략을 썼다. 어떤 면에서 테크놀로지 부문의 좋은 파트너가 되기 위해선 스스로가 내부 스킬과 능력이 있어야 한다. 제휴나 인수를 잘하기 위해선 내부적으로 어느 정도 성장이 잘 이뤄져 있어야 하기 때문에 궁극적으로 균형의 문제라고 할 수 있다.

― 전략적 제휴를 추진하는 팀과 M&A팀 사이의 갈등이 있을 수 있겠다. CEO는 어떤 역할을 해야 하는가?

▶ 많은 기업에서 제휴팀은 CEO가 M&A에 많은 관심을 두고 M&A팀과 가까운 거리를 유지하고 있다고 불평한다. 대부분 제휴팀은 자신들이 M&A팀과 같은 지위를 부여받지 못한다고 느낀다.
CEO에게 중요한 것은 제휴와 M&A 두 기능을 조화시킬 방법을 찾는 것이다. 외부 파트너에게 다가갈 때 제휴나 M&A 중 어느 방향으로 할지 염두에 둬야 한다. 사실 M&A팀은 상황 불문하고 M&A를 하자는 결정으로 가는 경향이 있으니 CEO라면 어떠한 도구가 제대로 된 것인지를 생각하고 동등한 레벨에서 양 팀에 주의를 기울이고 있다는 것을 확실히 해야 한다.

– 상대 기업이 기술제휴 같은 바로(Borrow) 전략을 쓰는 줄 알았는데 알고 보니 도용(Stealing)인 경우도 있다. 바로와 도용 사이의 경계선을 어떻게 설정해야 하고 대응해야 하는가?

▶ 가장 확실한 방법은 법적 보호를 요청하는 것이다. 그러나 중국과 같은 나라에서는 법의 보호가 무의미할 때가 있다. 이럴 경우 신뢰를 쌓는 것이 방법이다. 신뢰는 제휴의 가장 핵심적인 부분이기 때문이다. 제휴 관계가 수직적이고 경계선도 명확하면 문제가 안 되지만 공동 개발의 경우엔 문제가 시작된다. 이럴 때는 무엇을 나누고자 하는지, 무엇을 배우려고 하는지, 제휴가 상호이익이 되는 것임을 어떻게 보여줄지 등을 명확히 해야 할 것이다.

■ 저성장 시대엔 M&A 참는 게 좋아

로렌스 카프론 인시아드 교수는 저성장 시대에는 특히 기업의 재무여건을 악화시킬 수 있는 인수·합병(M&A)에 가급적 뛰어들지 않는 것이 좋다고 조언했다. 그는 "시장 상황이 좋지 않기 때문에 기업의 재무자원과 인적자원을 똑똑하게 성장시킬 필요가 있다"며 "이미 모두가 알고 있듯이 M&A는 모든 걸 해결해주는 요술 지팡

이가 아니다"고 강조했다.

카프론 교수는 시장이 커나가는 속도가 둔화된 상황에서는 몇 가지 제한된 경우에만 M&A를 해야 한다고 지적했다. 그는 "내부 역량의 성장이 여의치 않고 자원을 교환할 여지가 적어 라이선싱 계약이 어려울 때, 파트너와의 친밀성이 낮아 전략적 제휴가 어려울 때에 M&A를 하면 된다"고 했다. 물론 이때도 "해당 기업과 결합이 쉽다는 전제가 있고 구성원들의 동기부여가 있어야 한다는 조건이 있다"고 덧붙였다. 라이선스나 전략적 제휴에 대해 충분히 고려하지 않고 덥석 M&A로 뛰어드는 것은 위험하다는 뜻이다.

또한 제휴나 파트너십 역시 신중해야 하고 기업이 가지고 있는 자

원을 낭비하지 않도록 노력해야 한다. 라이선싱 계약 방식이 유리한 경우는 상대방 기업으로부터 무엇을 얻으려고 하는지를 명확하게 정의할 수 있을 때다. 목표를 명확하게 정의한다는 것은 계약서를 간단하고 정확하게 쓸 수 있다는 것을 의미한다. 반면 라이선싱 계약이 효과적이지 않은 상황에서 상대방 기업과 목적이 양립 가능하다면 제휴를 고려해볼 수 있다.

그는 "M&A가 위력을 발휘할 수 있을 때는 당신의 기업이 강

한 전략 문화를 가지고 있고 인수 대상 기업과 광범위한 범위의 협업(collaboration)이 가능할 때"라며 "조직이 M&A의 리스크를 감당하고 가치 있는 부분을 제시할 수 있는지 생각해야 한다"고 말했다.

카프란 교수는 "HP가 오토노미를 인수한 사례 등에서 알 수 있듯이 기업은 잘 알지도 못하는 시장에서 M&A에 뛰어드는 경향이 있다"고 안타까워했다.

■ Who she is…

로렌스 카프론(Laurence Capron) 교수는 세계적인 MBA스쿨인 인시아드대에서 M&A, 전략적 제휴, 기업 성장과 사업 포트폴리오 전략 등을 강의하고 있다. 아카데미 오브 매니지먼트(Academy of Management), 맥킨지-전략 매니지먼트 소사이어티에서 최고논문상을 받았다. 토론토대의 윌 미첼 교수와 협업을 통해 기업의 성장 전략에 대해 활발한 연구결과를 발표했다.

2010년 하버드비즈니스리뷰에 미첼 교수와 "올바른 길 찾기(Finding the Right Path)"라는 논문을 통해 M&A가 기업 발전의 최선의 방법이 아님을 밝혔다. 그와 공저한 "Build, Borrow or Buy" 역시 그 연장선에 있는 책이다.

부록 2. 아시아는 하나다

3,000개 한국기업 '원아시아 전초기지'서 투자금맥 캔다[23]

對아세안 수출규모 10년 새 2배 '껑충' 국가별 맞춤 투자전략
으로 공략해야

아시아는 하나다. 아시아가 세계 경제의 양축을 이루고 있는 북미
자유무역협정(NAFTA)과 유럽연합(EU)에 견줄만한 경제 중심지로
발돋움하기 위해선 한 목소리를 낼 수 있는 경제공동체가 구축되어
야 한다는 얘기다.

---

23) 출처: ≪매일경제신문≫, 2010년 9월 1일 기사 내용

이런 측면에서 동남아시아국가연합인 아세안은 '원아시아(One Asia)' 개념에 첫 단추를 꿰다. 조영재 한·아세안센터 사무총장은 "아세안은 1967년 지역 안보와 경제 변화에 공동으로 대응하기 위해 창설된 이후 성공적인 지역협력체로 성장했다"며 "경제뿐만 아니라 동아시아 정상회의, 아세안지역안보포럼 등을 개최해 미국, 중국, 일본, 러시아, 유럽연합(EU) 등 세계 강국과 외교에서도 모범적인 모습을 보여주고 있다"고 말했다.

그만큼 아세안은 우리 정부가 추구하고 있는 '원아시아' 전초기지 구실을 충실히 할 수 있다. 특히 우리에게 아세안은 미래 먹을거리다. 앞으로 우리 경제를 한 단계 업그레이드시키는 데 아세안이 필요충분조건이 될 수 있다. 대지에 묻혀 있는 풍부한 지하자원, 값싼 노동력 등으로 '기업하기 좋은 곳'이다. 여기에 항만, 철도, 도로 등도 개발의 손때가 채 묻지 않은 기회의 땅이다.

매일경제신문사와 한·아세안센터가 공동으로 아세안 10개국에 투자사절단을 보내는 이유도 원아시아 구축과 국내 기업이 미래의 먹을거리를 찾기 위해서다.

■ 아세안은 미래 먹을거리

아세안은 우리에게 꼭 필요한 교역국이다. 대아세안 수출 규모는 최근 10년 새 두 배가 훌쩍 넘었다. 한국무역협회에 따르면 2000년 201억 3,378만 달러에 불과했던 수출액은 2008년 492억 8,284만 달러로 크게 늘었고, 올해에도 7월까지 300억 달러에 달하고 있다. 대아세안 무역수지도 1991년 이래 20년 연속 흑자를 기록하고 있다.

올해 7월까지 흑자 규모만 47억 5,618만 달러에 달한다.

물론 한국은 아세안에도 고마운 존재다. 국제통화기금(IMF) 등에 따르면 아세안이 전체 수출 규모 중 한국이 차지하는 비중은 3.9%다. 미국 10.6%, 중국 9.0%인 점을 감안하면 한국 비중은 작지 않은 규모다.

또 아세안은 지하자원의 보고(寶庫)다. 자원이 부족한 우리에게 아세안이라는 존재 가치가 부각되는 이유다. 브루나이와 미얀마는 막대한 석유·가스를 보유하고 있는 자원 부국이다. 미얀마는 특히 철도, 항만 등 시설 공사에서 한국 기술력을 높이 사고 있는 국가로 알려져 있다. 이 두 국가는 수백~수천 개 한국 기업이 진출해 있는 인도네시아 베트남 등과 달리 한국 기업 진출이 적극 이뤄지지 않았던 곳이어서 더욱 주목받고 있다. 브루나이에는 아직까지 진출해 있는 한국 기업이 없고, 미얀마는 최근 대우인터내셔널, 효성 등 90개 기업이 진출에 나서고 있다.

■ 국가별 맞춤형 투자 이뤄져야

그렇다고 무작정 아세안 금맥을 캐려고 하는 것은 바람직하지 않다. 외교부 관계자는 "아세안 10개국이 40년 넘게 공동체를 이루고 있지만 나라마다 투자 환경, 정치·안보 등 상황이 다르다"며 "아세안 국가에 투자할 때 기본은 각국 특성에 맞는 맞춤형 투자가 이뤄져야 한다는 점"이라고 강조했다. 이에 한·아세안센터가 파악하고 있는 나라별 투자 유망 분야를 알아봤다.

우선 캄보디아와 미얀마는 섬유·봉제산업과 IT서비스 산업이 꼽힌다. IT서비스 산업과 관련해 캄보디아는 차량 등록, 부동산, 주민등록 등 행정전산망을 한국 유상원조자금(EDCF)으로 구축해 가동 중이다. 미얀마도 IT 인프라스트럭처 개발을 위해 전자여권, 전자무역, 스마트카드 등 7개 분야에 걸쳐 전자정부 프로젝트를 추진하고 있다.

베트남과 라오스에선 농업 분야 투자가 유망할 것으로 점쳐졌다. 한·아세안센터 관계자는 "베트남은 인구 60% 이상이 농업에 종사하는 농업주도국으로 커피, 고무, 차 등 환금작물 수출도 증가하고 있다"며 "여기에 라오스도 쌀, 옥수수, 콩, 카사바 등 작물에 가격 경쟁력을 갖추고 있고 산림이 풍부한 점을 활용한 목재가공업도 유망하다"고 설명했다.

인도네시아와 싱가포르에선 조선설계와 조선기자재가 투자 유망 분야로 파악됐다. 세계 최대 도서 국가인 인도네시아는 선박을 이용한 인력·물자 수송이 꼭 필요하고 값싼 인건비, 풍부한 노동력 등 인력 여건도 좋다.

말레이시아에서는 LED, 스마트 그리드 등 첨단산업에 대한 투자가 이뤄질 것으로 보인다. 말레이시아는 정부 차원에서 고효율 조명 시스템으로 바꾸려는 검토가 활발히 이루어지고 있다.

필리핀은 전자부품과 반도체산업이 전체 수출 중 50%를 차지하고 있으며 패키징, PCB 등 소싱기지로 성장하고 있다. 태국도 'IT 2010 중장기' 계획을 수립해 경제개발계획에 반영하고 있다.

부록 3. 중국의 주가, 통화증가율, 주가에 대한 이해[24)

경제는 10% 성장해 '세계 1등' 주가는 14% 하락해 '세계 꼴등'
中, 작년 농업銀 기업공개 등 약 187조 원어치 주식 발행
물량 많아져 증시에 '물타기' '핫머니' 유입 차단 목적도 커
부동산 과열에 中통화량 단속하고 긴축 들어가 정부시책 발맞춰
주가도 하락

이미지 출처: ≪조선일보≫

---

24) 출처: ≪조선일보≫, 2011년 1월 29일자 기사 내용(중국증시 미스터리)에서 발췌

중국 상하이 시내 금융기업들의 밀집지 와이탄(外灘) 지역에 설치된 황소 동상. 중국은 상하이의 금융 중심지 도약 등을 기원하며 미국 월가에 있는 황소 동상을 본떠 이 동상을 제작했다.

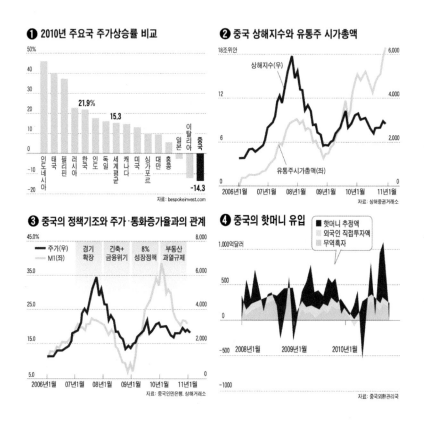

❶ 2010년 주요국 주가상승률 비교

❷ 중국 상해지수와 유통주 시가총액

❸ 중국의 정책기조와 주가·통화증가율과의 관계

❹ 중국의 핫머니 유입

■ 핫머니와의 전쟁

중국으로 핫머니가 몰리는 데는 이유가 있다.

첫째, 금융위기를 겪은 나라들은 모두 성장 잠재력이 잠식되어 성장률이 떨어진다. 따라서 투자수익률이 낮아질 수밖에 없다. 그런데 중국은 예외이다. 중국의 성장은 계속될 것이다.

둘째, 환율 효과가 있다. 중국 경제가 별문제 없이 견딜 수 있는 수준인 매년 5~6% 내외의 위안화 절상이 이루어진다면 대미(對美) 환율은 현재의 1 대 6 수준에서 3~5년 새에 1대 4까지 떨어질 것이라는 것이 중국 전문가들의 중론이다. 핫머니의 입장에서는 환차익만 노리고도 충분히 중국에 배팅해볼 만하다.

중국 증시는 여럿으로 나눠진다. 먼저 중국 내국인만이 살 수 있는 'A주' 시장이 있다. 또한 규모는 작지만 외국인도 투자할 수 있는 'B주' 시장, 그리고 중국 기업이 홍콩 증시에 상장한 'H주' 시장이 있다.

상하이 A주 시장은 작년 한 해 동안 17% 하락했지만, 외국인이 자유롭게 투자할 수 있는 상하이 B주 시장은 19% 상승했다. 화교와 외국인의 달러 핫머니가 B주 시장에 들어와 주가를 올려놓은 것이다.

한국의 중국 펀드들은 대개 홍콩에서 운용하거나 중국에 운용을 위탁하는 형태라서 주로 홍콩 H주와 상하이시장의 A주 일부 종목에 투자하고 있다. 핫머니 유입으로 주가가 올라도 한국에서 판매된 중국 펀드들의 수익률을 크게 기대할 수 없는 이유다.

부록 4. 존 템플턴 VS. 워런 버핏 VS. 피터 린치

'월街 전설'의 폭락장 투자레슨[25]

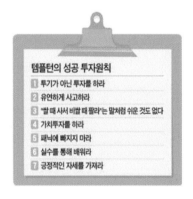

템플턴의 성공 투자원칙

1. 투기가 아닌 투자를 하라
2. 유연하게 사고하라
3. '쌀 때 사서 비쌀 때 팔라'는 말처럼 쉬운 것도 없다
4. 가치투자를 하라
5. 패닉에 빠지지 마라
6. 실수를 통해 배워라
7. 긍정적인 자세를 가져라

세계 증시는 1929~1932년 세계 대공황을 연상케 한다. 2년 10개월간 지속된 대공황시절 미국 S&P(스탠더드앤드푸어스) 500지수는 80% 이상 급락했다. 지난주 미 다우지수는 하루에만 수백 포인트씩 급락, 4년 만에 10,000선이 붕괴되며 지난해 10월 고점대비 40%가량 하락했다. 중국은 1년 만에, 러시아는 불과 5개월 만에 고점대비 60% 넘게 추락했다. 이들 국가뿐 아니다. 한국, 일본, 대만, 인도, 독일, 프랑스, 브라질 할 것 없이 지구를 돌아가며 전 세계 주식시장이 '패닉'의 공포로 떨어야 했다.

---

25) 출처: ≪한국경제신문≫, 2008년 10월 13일 기사 내용 발췌

■ '가치투자의 아버지' 존 템플턴 "모두가 낙담할 때 사야 큰 보상 따른다"

미국 증시는 대공황 외에도 제2차 세
계대전(1930년대), 1차 오일쇼크(1970년
대), 블랙먼데이(1987년), 롱텀캐피털매니
지먼트사태(1998년), IT(정보기술)버블
붕괴(2000년) 등에 이르기까지 수차례
위기를 겪었다. 난세에 영웅이 나타난다고
했던가. 이처럼 시장이 요동치고 난 후에는
위기를 기회로 삼은 투자의 대가들이 등장해 주목을 끌기도 했다.

1920년대 청년 존 템플턴은 1939년 제2차 세계대전을 기회로 활
용했다. 세계 전쟁이 터졌다는 소식을 듣고는 1달러 이하로 거래되는
모든 종목을 100달러어치씩 사들였다. 직장 상사로부터 돈을 빌려
104개 종목에 1만 달러를 투자했다. 전쟁이 엄청난 수요를 창출해
불황에 빠진 미국 경제를 건져낼 수 있을 것이라는 확신이 든 때문이
다. 4년 뒤 그가 산 주식 가치는 4배로 불어났고 그는 이 자금으로
세계적인 투자회사인 템플턴의 모태가 된 투자자문사를 설립했다. 템
플턴은 "다른 사람들이 낙담해서 주식을 팔 때 사고, 다른 사람들이
탐욕스럽게 주식을 사기 위해 달려들 때 팔아야 뒷날 큰 보상이 뒤따
른다"고 했다. 그는 "주식을 팔아야 할 때는 대폭락이 있기 이전이지
그다음이 아니다"라며 "패닉에 빠지지 말 것"을 주문했다.

■ '오마하의 현인' 워런 버핏 "좋은 기업 사서, 제값 받을 때까지 기다려라"

오마하의 현인 워런 버핏은 '좋은 기업의 가치가 크게 하락할 때 매수해 시장에서 제값을 받을 때까지 기다린다'는 아주 간단한 원칙을 꾸준히 지켜왔다. 1990년대 후반 IT버블을 타고 1년 만에 주가가 10배나 뛰는 상황에서 그는 실리콘밸리의 주식을 거들떠보지도 않았다. 월가의 거의 모든 투자전략가와 분석가들은 이런 버핏을 시대의 변화를 읽지 못하는 완고한 투자자로 취급했지만 얼마 지나지 않아 IT버블이 꺼지면서 결국 버핏이 맞았다는 것이 입증됐다.

이에 앞서 버핏은 1973년 1차 오일쇼크와 1987년의 블랙먼데이(10월 19일 22% 폭락)를 거치면서 과감한 투자로 세간의 주목을 받았다. 1972년 활황장에서 투자를 중단한 버핏은 1973년 시장이 폭락하자 워싱턴포스트 주식 170만 주를 1,100만 달러에 사 모아 지난해 말 14억 달러로 117배나 불렸다. 또 블랙먼데이 직후인 1988년부터 1994년까지 7년간 사들인 코카콜라 주식의 가치는 13억 달러에서 지난해 말 120억 달러로 늘어났다.

■ '마젤란 펀드의 신화' 피터 린치, "대중과 함께 가지 않는, 역발상 투자가 해답이다"

피터 린치는 월스트리트 역사상 가장 성공한 펀드매니저이자 마젤란펀드를 세계 최대 뮤추얼펀드로 키워낸 '월가의 영웅'이란 찬사를 받고 있다. 1977년 마젤란 펀드의 운용을 처음으로 맡은 그는 1982년 경기침체로 자동차 판매가 급감하고 시장이 곤두박질치는 가운데 크라이슬러 주식  을 사 모으기 시작했다. 이 주식은 파산 가능성까지 제기되면서 주당 2달러에 거래되고 있었다. 전문가들은 린치를 "미쳤다"고 몰아세웠지만 그는 '누구에게나 죽음이 찾아온다는 것과 같이 확실한 명제는 바로 미국인들이 자동차를 사야 한다는 것'이라고 생각했다. 1981년 1억 달러였던 펀드 자산은 펀드 내 가장 많은 비중을 차지한 크라이슬러 덕분에 1983년 말 16억 달러로 불어났다. 린치 역시 대중과 따로 가는 '역발상 투자'를 한 셈이다.

전문가들은 남들이 다 하는 대로 하면 절대로 돈을 벌 수 없다고 얘기한다. 정영완 삼성증권 투자전략담당은 "역사적으로 보면 대공황 이후 미국 시장에서 '절대 투자를 하면 안 되는 이유'는 늘 있어왔다"며 "위기를 기회로 생각하고 투자하기 위해서는 대단한 용기와 배짱이 필요하다"고 말했다. 이상건 미래에셋투자교육연구소 이사는 "자본주의 200년 역사 중 가장 참혹한 시기의 주가 조정기도 3년을 넘지 않았다는 걸 곰곰이 곱씹어 볼 필요가 있다"고 말했다.

이에 앞서 자신이 주식 투자에 적합한가를 우선 따져봐야 한다는 지적이다. 정의석 굿모닝신한증권 투자전략부장은 "주식과 자신과의 궁합부터 맞춰보라"며 "시세 변동을 견딜 수 없는 사람은 투자를 안 하는 게 맞다"고 주장했다. 그는 "지금은 상당히 고통스러운 시간이 될 수 있다"며 "인내와 시간에 대한 투자가 가능한 사람에게만 기회일 수 있다"고 덧붙였다.

부록 5. 환율전쟁

방아쇠 당긴 일본 "슈퍼 엔고 못 참아" 달러당 82엔까지…

다그치는 美·유럽 "국제공조 왜 깨나" 더딘 경기회복에 무역적자까지…

일본 편드는 중국 "통화정책 간섭 마" 가뜩이나 절상·압력에 시달리던 차에 '동병상련'26)

슈퍼 엔고로 고민하던 일본 정부가 최근 외환시장에 적극 개입하면서 국제통화 전쟁으로 비화할 조짐을 보이고 있다.

글로벌금융위기 이후 주요 선진국들은 자국 수출 증대를 위한 인위적인 통화 평가절하는 자제한다는 데 암묵적인 동의를 해왔다. 하지만 지난 15일 달러당 환율이 82엔까지 추락하자 더 이상 엔고 현상을 견디지 못한 일본 정부가 하루에만 2조 엔을 시장에 푸는 시장

---

26) 출처: ≪매일경제신문≫, 2010년 9월 24일 기사 내용 발췌

개입을 단행했다.

주요국들은 즉각 반발했다. 유로 재무장관회의 의장은 일본이 시장에 개입한 것은 적절하지 않다고 경고했고 샌더 레빈 미국 하원 세입세출위 위원장은 중국과 더불어 일본도 환율 조작국 리스트에 포함시키고 있다.

반면 중국은 국영방송을 통해 간접적으로 일본을 지지했다. 이에 미국 재무장관은 11월 초 서울 G20 정상회의에서 위안화 환율 절상을 위한 국제적 지지를 도출하겠다고 맞서면서 소위 총성 없는 전쟁이라는 환율전쟁이 본격화하고 있다.

환율전쟁이란 교역상대국과 통화가치 산정 시 유리한 환율(교환비율) 설정을 위해 외교·정치적 압력을 넣으면서 국가 간에 발생하는 개입이나 다툼을 의미한다. 기준통화 설정, 통화의 사용권 및 기준통화에 대한 환율 설정, 통화정책 등을 둘러싼 국가 간 개입이나 다툼을 말하는 통화전쟁 중 하나로 볼 수 있다.

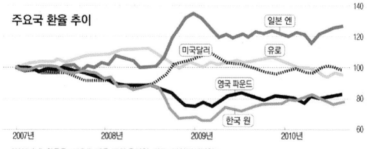

주요국 환율 추이

일본 엔
미국달러   유로
영국 파운드
한국 원

140
120
100
80
60

2007년   2008년   2009년   2010년

*2007년 초 환율을 100으로 봤을 때의 움직임. 자료=파이낸셜타임스

■ 환율전쟁이 불거진 배경

환율 변동이 국가 경제에 미치는 영향은 동전의 양면과 같다. 환율 하락(통화가치 상승)은 자국 수입물가 하락이라는 장점 이면에 수출업체 경쟁력 저하를, 환율 상승은 수입물가 상승에 따른 인플레이션 염려 이면에 수출기업 경쟁력 제고를 가져온다. 이를 무역적자로 골머리를 앓는 미국에 적용한다면 달러 가치가 떨어져야 할 것이다.

그런데 달러화는 만성적인 미국 무역적자에도 불구하고 국제금융시장이 불안정해지면 그 하락세가 더뎌지거나 오히려 상승하기도 한다. 이는 1944년 브레턴우즈 체제 이후 달러화가 세계시장에서 거래의 중심, 기축통화로 공인된 특수성에 기인한다. 미국 이외 국가들은 달러화를 안전자산으로 비축하였다가 환율이 요동칠 때 변동성을 완화시키는 데 사용하려 들기 때문이다.

실제 환율 안정은 수출입업체 거래 활성화에 필수불가결한 조건이다. 미국 역시 기축통화국으로서 세뇨리지(seigniorage), 주조차익(鑄造差益)을 향유하기 위해서는 강한 달러화가 필요하다.

1999년 유럽 국가들이 모여 참가국 간 거래 시 기준 화폐로 유로화를 채택함에 따라 기준 통화를 둘러싼 경쟁도 가속되고 있기 때문이다.

결국 미국 경제 성장을 위한 달러화 약세냐, 아니면 기축통화국 지위 공고화를 위한 강세냐 간 간극 조절에 따라 달러화 환율은 변동해왔다.

최근 미국 달러화 약세를 주장하는 배경에는 무역적자 해소와 경기 회복을 위해 미국 기업 수출을 진작시킬 필요가 있다는 인식이

자리 잡고 있다. 나아가 유럽 국가들도 경기 회복세가 더딤에 따라 공통 교역상대국인 일본과 중국 통화에 대한 절상 압력을 높이는 것이다.

■ 환율전쟁의 역사

1944년 세계 각국은 달러화를 세계 중심통화로 인정하는 대신 달러화에 대해서는 금과 일정 비율로 교환해 줄 의무, 소위 금태환 의무를 부여하는 데 합의했다. 그리고 달러 이외 화폐의 가치는 달러를 기준으로 산정하게끔 했는데 이것을 브레턴우즈 체제라고 한다. 그러나 1960년대 후반 들어 베트남 전쟁과 경상수지 적자 보전을 위해 달러화 발행이 늘어나게 된다. 이에 금태환 의무 준수가 어려워지자 미국은 1971년 금태환 중지 선언과 함께 변동환율제로 이행하면서 당시 엔화 환율을 달러당 360엔에서 250엔으로 절하시킨다.

1980년대에는 미국 재정수지와 경상수지 적자 문제 해소를 위해 1985년 플라자 합의가 도출되어 엔화 환율은 120엔으로 다시금 하락한다. 이로 인해 미국 수출경쟁력은 회복되었으나 화폐가 절상된 일본은 급작스러운 수출 둔화와 경기 하강을 경험하게 된다. 이를 극복하고자 당시 일본 정부는 수출기업 생산거점을 외국으로 이동시키고 내수 진작을 위해 국채 발행을 통한 공공투자를 확대한다.

그러나 1990년대 들어 이런 내수 부양책이 부메랑으로 돌아와 자산버블 붕괴로 표현되는 '잃어버린 10년'과 만성적인 재정적자라는 부작용이 초래된다.

1990년대 중반에는 멕시코 등 중남미 국가에서 통화위기가 발생

했는데 이들 국가에 대한 미국의 대출채권 회수 가능성에 대한 염려가 불거지면서 엔화 환율은 80엔까지 하락한다.

이로 인한 일본 경기 침체를 해결해야 할 필요성이 제기되면서 1995년 G7 국가 간에 역 플라자 합의가 도출되어 엔화 환율은 100엔으로 상승하기도 하였다. 당시에는 미국과 유럽 국가 경기가 호조였던 덕분에 엔화 약세 합의를 도출하기가 수월했다. 2003년 들어서는 이라크전쟁 등 국제정세 불안으로 달러화가 다시금 약세로 전환되자 일본 정부가 엔화 약세 반전을 위해 개입했지만 국제공조가 이루어지지 않아 그 효과는 미미했다. 따라서 최근 일본 정부가 외환시장에 개입한 데 대한 국제사회 여론이 부정적인 것에 비춰볼 때 향후 엔화가 약세를 지속하긴 어려울 것이다.

■ 우리나라는 어떻게 대응해야 하나

한국은 1997년과 2007년 말 두 차례 금융위기를 경험했다. 이때 얻은 교훈 중 한 가지는 금융위기 시에는 펀더멘털보다는 금융회사 대외지급 능력, 정부의 환율 방어능력에 대한 시장의 기대심리가 환율의 향방과 변동 폭을 결정짓는다는 것이다. 주식·외환시장이 개방된 상황에서 IT, 통신, 네트워크, 그리고 파생상품 발달로 투자자 심리가 한 방향으로 쏠리는 현상이 증폭될 수 있는 여건이 조성된 때문이다.

2007년 위기에서 알 수 있듯이 투자자 심리가 악화되면 국제공조가 동반되지 않은 정부 단독의 환율 개입은 그 효과가 제한적이다.

따라서 외환당국은 평상시에는 국제공조 기반 구축과 함께 자본유출입에 대한 모니터링과 미세조정정책을 면밀히 수행할 필요가 있다. 그리고 금융위기 시 안전판이 될 외환보유액은 이제는 경상거래뿐만 아니라 주식·채권에 대한 외국인 투자금도 고려해 규모를 책정하고 운용상에선 달러표시 이외 자산으로 투자를 다변화할 필요가 있다.

부록 6. 성장하고 싶은가? 그럼 고객을 차별하라[27)

피터 페이더 미국 와튼스쿨 교수는 마케팅 분야 석학이다. 그는 매학기 똑같은 질문으로 강의를 시작한다.

"많은 기업들이 고객이 중심이라고 말합니다. 스타벅스·애플·노드스트롬·코스트코·월마트 등은 고객중심주의를 실천하고 있을까요?"

스타벅스는 커피에 대한 탁월한 고객 경험을 제공하는 회사로 정평이 높다.

애플은 고객 충성도가 세계 최고다. 노드스트롬은 고객 지상주의를 실천한 마케팅의 교본으로 꼽힌다.

당연히 학생들 입에서는 "그렇다"는 대답이 나온다.

"스타벅스·애플 등은 진짜 고객중심주의적"이라는 극찬을 내놓는다.

그러나 페이더 교수 입에서는 전혀 뜻밖의 답이 나온다. "스타벅

---

27) 출처: ≪매일경제신문≫, 2013년 12월 14일자 기사 내용

스·애플 등은 고객중심주의적 기업이 아닙니다. 고객중심주의를 고객 친절로 잘못 이해하는 기업이죠."

노드스트롬에 대한 비판은 더욱 신랄하다. 그는 최근 매일경제 MBA팀과 인터뷰하면서 "노드스트롬은 틀렸다"고까지 말했다.

노드스트롬의 고객 지상주의를 상징하는 전설적인 일화를 "잘못된 마케팅 사례"라고 평가절하했다.

노드스트롬의 전설은 1970년대 초반으로 거슬러 올라간다. 한 진상 고객이 노드스트롬 백화점에서 판 적이 없는 타이어를 들고 와 반품을 요구했다. VIP고객이라며 특별대우를 요구한 것이다. 터무니없는 요구였지만 노드스트롬은 즉시 환불 조치했다. '모든 고객은 왕입니다. 고객은 언제나 옳습니다'라는 고객 지상주의의 철학을 실천한 것이다.

그러나 페이더 교수는 "해당 고객이 VIP고객이 맞는지, 얼마나 가치가 있는 고객인지를 파악한 후에 어떤 조치가 옳은지 결정해야 했다"며 "평범한 고객이라면 당연히 '안 된다'고 했어야 했다"고 말했다. 그렇다면 진짜 고객중심주의는 무엇일까. 페이더 교수는 "평생 동안 기업에 가져다 줄 가치의 합이 큰 고객, 다시 말해 생애주기 가치가 높은 '올바른 고객(right customer)'을 찾아내고 이 고객에게 최대한 집중하는 것"이라고 설명했다. 기업에 장기적으로 높은 수익을 안겨주는 고객에 집중하라는 뜻이다.

이를 위해서는 고객 세분화가 필수라는 게 페이더 교수가 강조하는 점이다. "그저 한 번 왔다 갈 고객은 누구인지, 자주 찾아올 고객은 누구인지 등으로 고객을 세분화해야 진짜 올바른 고객과 나머지 고객을 구분할 수 있습니다. 각각의 고객마다 그에 적절한 비즈니스

활동을 펼치는 것이 중요합니다." 애플과 스타벅스 등은 고객 세분화 노력을 하지 않았기 때문에 고객중심주의 기업일 수가 없다는 게 페이더 교수의 주장이다. 다음은 페이더 교수와의 일문일답이다.

― 장기적으로 기업에 높은 수익을 안겨주는 고객, 즉 '올바른 고객'은 소수다. 1%에 불과할 수 있다. 그렇다면 나머지 99%의 고객은 버리라는 뜻인가?

▶ 나머지 고객의 숫자는 올바른 고객에 비해 엄청나게 많다. 이들의 구매를 모두 합치면 올바른 고객의 구매를 능가할 수도 있다. 내 말 뜻은 1%를 위해 99%를 버리라는 게 아니다. 이들은 당신의 회사를 유지시키고 굴러가게 해주는 일종의 '자갈길'과 같기 때문이다. 이들에게 너무 많은 시간을 빼앗겨선 안 된다. 이들의 말도안 되는 불만에는 "안 됩니다(Too Bad)"라고 말할 수 있어야 한다. 이렇게 표현하면 어떨까. 올바른 고객이 회사에 '성장'을 의미한다면, 나머지 고객은 '일상'을 의미한다고 말이다. 일상도 중요하지만 성장을 위해서는 포기할 수도 있어야 한다. 흘러가는 일상보다는 성장에 더 많은 투자를 해야 한다는 것은 자명하다.

― 고객들에게 친절한 스타벅스가 고객중심주의 기업이 아니라고 하니 뜻밖이다.

▶ 대부분의 사람은 집이나 직장에서 가까운 스타벅스를 방문해 음료를 주문한다. 일부 직원들은 고객들이 얼마나 자주 오는지, 어

떤 음료를 좋아하는지를 미리 알고 응대하기도 한다. 여기까지는 고객중심주의적 행동이 맞긴 하다. 그러나 고객이 매일 가던 스타벅스가 아닌 다른 스타벅스를 간다면 어떻게 될까. 모든 것이 원점으로 돌아간다. 스타벅스를 매일 찾는 '올바른 고객'과 한 달에 한 번 정도 방문하는 '나머지 일반 고객'이 모두 하나의 동일한 고객군으로 뭉뚱그려진다. 충성도 높은 올바른 고객이 제대로 된 대접을 받지 못한다. 스타벅스는 고객 데이터를 회사 차원에서 모으지 않았고 여러 고객 중에서 올바른 고객을 분류해 내려고도 하지 않았다. 그렇기 때문에 고객중심주의적이지 않다는 것이다.

－ 애플은 왜 고객중심주의적 기업이 아닌가.

▶ 애플은 세계 어떤 기업도 갖지 못한 최고의 고객 로열티를 보유하고 있고, 훌륭한 디자인의 좋은 제품을 만들고 있다. 하지만 애플이 자신들의 핵심 고객을 추려내 제대로 대응하려는 노력을 하는가? 아니라고 생각한다.

애플은 철저하게 제품중심주의적인 기업이다. 과거 제품중심주의(Product Centricity)를 이 땅에 가져왔던 헨리 포드가 그랬던 것처럼, 애플은 좋은 제품을 개발해 수많은 사람들에게 팔고, 이윤을 낸다. 하지만 애플은 자신의 제품을 구매하는 고객이 누구인지, 어떤 고객이 최고의 충성고객인지 등에 대한 정보를 수집하고 이를 활용한 '고객 맞춤식 마케팅'을 하는 데 인색하다.

아이튠즈만 봐도 그렇다. 산업 전체를 흔들만한 영향력을 가진 아이튠즈에 '지니어스'라는 고객 맞춤형 노래 추천 서비스를 내놓은

건 불과 2008년의 일이다. 아마존은 이 같은 서비스를 이미 10년 앞서 내놨다.

– 그렇다면 스타벅스와 애플은 어떻게 해야 하는가.

▶ 어쩌면 이들은 아무것도 잘못한 것이 없을 수도 있다. 지금도 잘 돌아가는데 왜 굳이 막대한 자본과 인력을 들여 모험을 감수해야 하는가. 어떤 산업군의 어떤 기업에는 고객중심주의가 굳이 필요하지 않을지도 모른다. 하지만 앞으로 10~20년 후, 기술격차는 줄어들고 서비스 수준 차이도 커지지 않게 되면 결국 고객중심주의가 필요할 것이다. 올바른 고객을 파악하고 이들에게 투자하는 것이야말로 장기적으로 수익을 내는 데 핵심이다. 특히 고객중심주의는 기존 고객을 이탈하지 않게 하고, 이 고객들이 좀 더 많이 자사 제품을 구매하게 하는 데 효과적으로 작용할 것이다.

– 제품중심주의에서 벗어날 수 없는 기업도 있다. 빠른 속도와 효율성이 비즈니스의 핵심인 아마존이나 월마트 같은 기업은 어떻게 고객중심주의를 적절히 실천할 수 있나?

▶ 아마존이나 월마트와 같은 기업의 비즈니스 핵심은 빠르고 효율적이면서 싼 가격에 제품과 서비스를 공급하는 '영업적 효율성'에 있다. '최고의 고객'을 찾는 것은 우선순위가 그 다음이다. 이런 기업들은 고객중심주의로 완전히 탈바꿈하기보다는 일부 요소들을 더 하는 방법도 가능하다.

예를 들어, 월마트는 최근 상당히 흥미로운 움직임을 보이고 있다. '스캔-앤-고(Scan-and-go)'라는 프로그램이 대표적이다. 고객은 스마트폰에 이 애플리케이션(이하 앱)을 깔고 구매하려는 제품을 스캔한다. 그런 다음 셀프체크카운터에서 모바일로 직접 결제를 할 수 있다. 이 프로그램의 의미는 두 가지다. 첫째, 고객 정보를 수집하는 데 전혀 노력을 기울이지 않았던 월마트가 이 앱을 통해 어떤 고객이, 어떤 물건을, 어떤 빈도로 구매하는지에 대한 정보를 수집하기 시작했다. 둘째, 고객들의 결제를 간편하게 함으로써 기존 비즈니스의 핵심인 영업적 효율성도 극대화할 수 있게 됐다. 결국 고객중심주의와 영업효율성이라는 두 마리 토끼를 모두 잡은 셈이다.

- 또 다른 사례를 소개한다면?

▶ 제약업체인 머크 사례도 흥미롭다. 사실 제약업은 제품중심주의적일 수밖에 없는 산업이다. 약을 개발하고, 많이 팔아서, 돈을 벌어야 한다. 하지만 머크는 최고경영자(CEO) 위에 '고객 최고 책임자'를 두고 있다. CEO보다 더 높은 직급에서 고객과 만나고, 고객을 분석하고, 고객을 기반으로 비즈니스 전략을 짜는 '고객 최고 책임자'가 있다는 것은 놀라운 일이다. 현

재 미셸 부나초스가 맡고 있다.

－ 올바른 고객을 분류하기 위한 방법으로 제대로 된 고객생애가치(CLV, Customer Lifetime Value) 계산이 필요하다고 주장했다.

▶ 먼저 CLV의 정확한 개념을 알아야 한다. 개별 고객 CLV의 총합이 기업이 가진 고객 자산이다. 결국 개별 CLV를 제대로 계산해야만 기업은 자신이 어느 정도의 고객 자산을 갖고 있는지를 파악할 수 있게 된다. 그런데 이 계산 방법이 지금까지 아주 잘못되어 왔다.

－ 어떤 측면에서 잘못됐나?

▶ 대부분의 기업은 개별 고객의 존재와 의미, 이들이 처한 각기 다른 상황 등을 무시하고 있다. 그렇기 때문에 고객의 CLV를 계산할 때 이른바 '평균'을 계산하는 방식을 채택한다. 예를 들어 보자. 지금까지 기업은 CLV를 계산하기 위해 현재 존재하는 고객들을 하나의 '동일한' 고객집단으로 묶었다. 그런 다음 이들의 평균 CLV를 계산했다. 최종적으로 회사가 보유한 고객의 숫자를 평균값에 곱하는 방식으로 전체 CLV를 계산했다. 이보다 더 쉬운 일이 어디 있겠나. 하지만 이 방법은 '고객의 이질성'이라는 가장 중요한 점을 무시한 잘못된 것이다. 결국 기업은 자신들의 고객가치를 평가절하하기 쉽다.

피터 페이더 교수가 주장하는 '고객중심주의'의 4대 핵심

고객정보
획득
고객별로
다양한
정보 획득

바탕 철학
고객은 모두 다르다
▼
고객 세분화의 필요성

개별 고객의
가치 계산
수치화되고
정량화된
가치
뽑아내야

마케팅에 활용
계산된 가치 활용해 최적화 마케팅

- 올바른 CLV는 어떻게 계산하나?

▶ '평균'은 잊어라. 현재와 미래에 고객들이 어떻게 행동할지를 예측하고 분석하라. 그런 다음 고객을 최대한 세분화하라. 각각의 세분화된 고객마다 CLV를 계산하라.

그래야만 기업은 자신들의 고객이 갖는 진짜 가치가 얼마인지를 알고, 적당한 의사결정을 할 수 있다. 그러려면 고객으로부터 최대한 많은 데이터를 뽑아내야 한다. 데이터가 있어야 고객을 나누는 세분화작업을 할 수 있기 때문이다.

통신사인 보다폰 이탈리아는 유명한 사례다. 고객의 이질성을 생각하지 않고 고객 이탈률 평균값을 활용해 고객 생애주기를 계산했더니 5.6년이 나왔다. 반면 고객을 3개 집단으로 세분화하고 각각의 그룹에 맞는 이탈률 값을 구해 적용했더니, 고객의 생애주기는 12.4

년에 이르렀다. 보다폰이 만약 5.6년을 적용해 CLV를 계산했다면 고객 가치를 절반 이하로 평가절하할 뻔 했다.

– CLV 계산의 또 다른 모범사례가 있다면?

▶ 게임회사 EA다. 이들은 매일 CLV를 계산해 고객의 생애가치를 도출해낸다. 그리고 다시 주 단위, 월 단위로 계산한다. 그래서 고객이 자신들에게 얼마만큼의 가치를 지니고 있는지 끊임없이 모니터링한다. 그야말로 놀라울 정도로 치밀하게 고객자산이라는 가치를 계산하는 기업이다.

■ '고객지상주의의 함정'에서 지적했던 기업들 반응은?

피터 페이더 미국 와튼스쿨 교수는 『고객지상주의의 함정』이라는 최근 저서에서 많은 글로벌 기업들을 신랄하게 비판했다. 고객중심주의를 제대로 실천하지 않는다는 게 이유였다. 그는 책 출간 후에 각 기업들로부터 받은 반응을 들려줬다.

스타벅스

가장 즉각적인 반응을 보인 기업이다. 회사 전체적인 차원에서 '고객중심주의'를 실현하지 못하고 있는 현실을 인정하면서 앞으로 많은 프로젝트들이 준비되어 있다고 설명했다. 각 로컬 지점에선 고객 응대가 잘 이뤄지지만 다른 지점과의 연계가 부족하다는 한계점을 극복하기 위한 조치다. 다양한 기술을 통해 데이터를 수집하고, 모바일 결제 시스템을 도입하는 등의 방안도 준비 중인 것으로 안다. 한국에서 시행 중인 '스타벅스카드'나 '이프리퀀시'와 같은 시스템도 비슷한 시도다.

월마트

약간은 짜증 섞인 반응을 보이긴 했지만, 책에서 언급된 내용에 대해 인지하고 있으며 개선점을 찾아나가겠다고 말했다. '스캔-앤드-고'는 좋은 시작으로 보인다.

노드스트롬 · 애플

가장 강한 비판을 받았던 노드스트롬은 놀랍게도 공식적인 반응을 보이지 않았다. 이 회사 일부 인사들이 개인적인 반응을 보이긴 했다. 그러나 회사 차원의 대화 시도나 메시지는 전혀 없었다. 아쉬운 부분이다. 애플은 예상했던 대로 어떤 반응도 보이지 않았다. 애플은 향후 몇 년간은 지금과 같은 시스템으로도 충분히 성과를 낼 수 있을 것으로 보이지만, 아쉬움은 남는다. 반면 노드스트롬의 가장 강력한 경쟁자인 메이시즈(Macy's)는 오히려 큰 관심을 보이며 내게 자문을 구했다. 테스코의 고객중심주의를 이끈 주역으로 언급했던 던 험비가 메이시즈로 자리를 옮기면서 발전하고 있는 부분도 흥미롭다.

■ He is…

피터 페이더 교수는 프랑스 태생으로 펜실베이니아대학교 와튼스
쿨에서 마케팅을 가르치고 있다. '와튼 고객 분석 이니셔티브'의 공
동 디렉터도 맡고 있다. 뉴욕타임스·월스트리트저널·이코노미스
트·워싱턴포스트 등 수많은 미디어에 그의 연구가 인용되고 보도
됐다. 2009년 파이낸셜타임스가 선정한 '주목할만한 교수'에 선정되
기도 했다. 마케팅이 그저 연성 학문으로 비치는 것에 반대하며 기
업과 학계가 힘을 합쳐 이 같은 편견을 깨야 한다고 믿는다. 최근『
고객지상주의의 함정』이라는 책을 펴냈다.

[용어설명]

생애주기가치·올바른 고객: 한 고객이 평생 동안 기업에 가져다
줄 가치의 합이 생애주기가치다. 이 가치가 높은 고객이 '올바른 고
객(right customer)'이다.

부록 7. 美도 한국도… 中을 멀리하라[28)]

'초경쟁' 경영 전략의 大家, 리처드 다베니 美 다트머스大 교수

불공정 게임하는 중국
국가가 산업에 깊이 개입… 관리 자본주의가 이끌어
자유방임주의가 주류인… 미국과는 근본적 차이

美는 한국에서 배워라
한국은 자유방임주의와… 사회·관리 자본주의
장점을 결합해 만들어

한국도 선택의 기로
中에 의존한 구속국이냐
덜 벌어도 자유 누리느냐

미국에서 두 번째로 살기 좋은 도시(2007년 CNN)로 선정된 인구
1만 1,000명의 소도시 하노버. 조용한 도시 분위기와 달리 세상에서
가장 공격적이며 직설적인 경영 전략의 대가가 이곳에 산다. 리처드

---

28) 출처: 《조선일보》, 2013년 12월 14일 Weekly BIZ 기사 내용

다베니(D'Aveni · 60) 다트머스대 경영대학원 교수가 바로 그다.

그는 2007년부터 2년에 한 번씩 발표되는 '가장 영향력 있는 경영대가 50인(Thinkers 50)' 명단에 4번 연속 포함됐고, 올해도 17위에 올랐다. 마이클 포터 하버드대 교수가 '경쟁 우위' 이론으로 글로벌 경영계의 거목으로 떠올랐다면, 다베니 교수를 스타로 만들어준 것은 '초경쟁' 이론이다.

▲ 그래픽: 정인성 기자, 자료: 세계은행

■ 중국이 부상하면서 자유 위협받고 있다

그의 이론은 현대와 같은 초경쟁 시대엔 지속 가능한 경쟁 우위란 존재하지 않고 진입 장벽은 과거보다 훨씬 쉽게 무너질 수 있다고 주장한다. 이럴 때 유효한 전략은 변화의 주도권을 잡고 남들보다 한발 앞서 치고 나감으로써 상대방이 나의 행동을 예측하지 못하게 하는 것이다. 다시 말해 공격이 최선의 방어라는 것이다. 그는 전통적 전략 모델인 'SWOT 분석'이나 마이클 포터 교수의 '산업구조분석모형(5 forces model)'이 과거 과점 상황에서나 유효했던 정태적 분석이란 한계가 있다고 비판한다. 이런 생각을 담아 그가 1994년 발간한 책『초경쟁(Hypercompetition · 국내엔 '하이퍼 컴피티션'으로 번역)』은 400만 부 이상 팔렸다.

도발적 경영 전략 이론가인 그가 최근 활동 무대를 정치 쪽으로 넓혔다. 자신의 초경쟁 이론을 미 · 중 관계에 적용한 책『전략적 자본주의(Strategic Capitalism · 국내 미출간)』를 출간한 것이다. 그의 주장은 이렇게 요약된다.

■ 중국을 제외한 무역권 만들어야

"10년 안에 중국이 미국을 추월하고 세계의 리더가 된다. 그런 상황은 미국은 물론 세계에 바람직하지 않다. 자유를 위협받을 수 있기 때문이다. 그런 상황을 막기 위해선 미국이 중국 의존을 줄여야 한다. 중국은 불공정 게임을 하고 있다. 관리 자본주의로 국가가 산업에 깊숙이 개입한다. 그렇다면 미국도 관리 자본주의 요소를 도입해 맞서야 한다. 세계는 중국을 제외한 무역권을 만들어야 한다. 초경쟁의 원칙은 경쟁자가 나를 파괴하기 전에 경쟁자를 파괴하는 것이다. 중국이 미국을 파괴하기 전에 미국이 선제공격을 해야 한다."

그의 주장엔 거칠고 과격한 부분이 없지 않지만, 최근 미·중 관계가 악화되는 가운데 중국에 대한 미국의 본심(本心)의 한 자락을 읽을 기회라고 판단돼 위클리비즈가 그를 만나 이야기를 들어봤다.

■ 중국은 공정한 게임을 하고 있지 않아

그는 '전략적 자본주의'를 쓴 배경을 이렇게 설명했다. "한마디로 중국은 미국처럼 점잖게 비즈니스 게임을 하고 있지 않다는 겁니다. 중국은 그야말로 초경쟁을 펼치고 있는데, 그 목표는 경쟁자를 방해하고, 쓰러뜨리고, 결국 소멸시키는 전략입니다. 제가 기업 현장에서 외치던 초경쟁이란 개념은 국가 간의 습관이자 관행으로 굳어지고 있었던 겁니다. 중국은 미국이나 유럽처럼 협력하는 게임을 펼칠 수 있을까요? 제가 내린 결론은, 중국은 절대 그러고 싶지 않다는 겁니다. 1800년대 식민지 시대 유럽에서 상식 이하 대우를 받고 성장하게 된 중국은 전혀 다른 목표를 가지고 있다는 것입니다. 중국은 '모멸감의 시대(century of humiliation)'를 지나면서 지금 글로벌 리더로서 정체성을 확립해가고 있습니다."

그는 이 책을 쓰기 위해 중국을 방문해 정부 고위 관료와 기업인 등 70여 명을 심층 인터뷰했다고 말했다.

– 그들에게 어떤 말을 들었습니까?

▶ 중국인들은 겉으로는 겸손하고, 절대 공격적인 말투를 구사하지 않고, 조심스러울 것 같죠? 전혀 안 그랬습니다. 그야말로 솔직하고, 날이 서 있는, 마치 미국 텍사스 출신의 걸걸한 카우보이 같았습니다. 어느 정부 고위 관료의 말이 기억나는데, '시간은 우리 편이다. 미국 경제는 이미 패배했다'고 하더군요. 다른 중국 기업인은 '1800년대처럼 중국에 미국·유럽 기업 등 외부 세력이 진출해 자기 멋대로 할 수 있다고 생각한다면 당신은 판타지 세계에 살고 있는 것이다. 이제 우리 차례'라고 하더군요.

■ 中, 지역 우월주의 다시 만들려 해

– 충격이 컸겠습니다.

▶ 전 정말 충격을 받았습니다. 시진핑이 군부대를 돌면서 '중국의 꿈'에 대해 이야기한다고 월스트리트저널이 보도한 적이 있습니다. 그게 무슨 뜻인지 제게 매우 명백해졌습니다. 중국은 미국을 대체하고자 하는 것입니다. 중국은 지역적 우월주의, 400~500년 전부터 지켜왔던 우월주의를 다시 만들려고 하는 것입니다. 미국에 중국은 동전의 양면 같아요. 한쪽 면은 중국의 값싼 노동력을 이용하지

만, 다른 한쪽 면은 동시에 경제를 파괴당하고 있는 것입니다. 미국은 지난 10년 동안 어마어마한 일자리를 잃었어요. 또 다른 면은 우리가 만든 실수를 중국이 역이용하고 있다는 겁니다. 그래서 미국의 장점이 단점이 되어가고 있다는 거예요. 미국의 기업과 정부가 뭘 하고 싶으면, 수천 개가 넘는 민주적 절차를 거쳐야 합니다. 원자력발전소가 미국에서 승인받으려면 10년이 걸립니다. 그런데 중국은 거의 매달 하나씩 지을 수 있어요.

한국의 대중 관계에 대한 조언을 부탁하자 그는 이렇게 말했다.

▶ 죄송하고 무례한 질문이지만 과거에 중국이 한국을 몇 번이나 점령했나요? 제 말은 도대체 중국이 한국에 좋게 굴 이유가 뭐냐는 겁니다. 저는 한국이 중국 시장 진출을 줄여야 한다고 봅니다. 구속받으며 돈을 버는 '구속국(captive country)'이냐, 돈은 적게 벌더라도 자유를 누리는 나라냐? 어느 쪽을 선택하겠습니까?

다트머스대 경영대학원 회의실에서 만난 다베니 교수는 넉넉한 풍채에 걸걸한 목소리의 소유자였다. 한번 말을 시작하면 폭주하는 기관차처럼 쉴 새 없이 말을 쏟아냈다.

– 왜 미국만 유일하게 세계 평화를 지켜야 할까요? 중국도 같이 세계 리더가 될 수 있는 것 아닙니까?

▶ 두 리더도 물론 가능합니다. 하지만 중국이 우리의 태양광 산

업을 좌지우지하듯 중국 정부가 미국 정부의 역할을 좌지우지하고 있습니다. 만약 우리가 중국을 그대로 놔둔다면 경제적 자유와 민주주의에 큰 침해가 올 겁니다.

그는 기자에게 "만약 미국 기업이 한국에 지사를 설립했는데, 그게 알고 보니 미 국방부의 지사였다면 어떨 것 같으냐?"고 물은 뒤 자답했다. "미 국방부가 스파이 행위를 하면서 많은 룰을 깨겠죠? 그들은 물의를 일으킨 뒤 철수하면 그만일 겁니다. 한국은 엄청 화가 나겠죠? 이런 것이 중국의 전략이에요. 왜 미국이 세계의 리더로 남아야 되느냐고요? 우린 최소한 그런 짓은 안 하기 때문입니다. 미국도 나쁘게 돈 많이 벌었지만, 최소한 그런 짓은 안 합니다."

■ 미국 CEO들의 입엔 재갈이 물려 있다

– 미국이 과거 일본을 다룬 방식처럼 중국을 다루면 안 됩니까?

▶ 일본 정부도 내수 시장을 보호하고 세제 혜택을 부여하고 자본 재투자를 격려하면서 도요타 같은 파괴자를 탄생시켰습니다. 그러나 미국은 일본을 약하게 만들 힘이 있었습니다. OECD(경제협력개발기구), ILO(국제노동기구)를 압박해 일본에 주5일제를 도입시켜 생산성을 낮췄습니다. 일본은행의 금리를 강제적으로 높이기도 했습니다. 그러나 지금 중국에 대해선 그렇게 할 수 없어요. 그러기엔 너무 커버렸거든요.

그가 두 팔을 허공에 휘저으며 말을 이어갔다.

▶ 중국은 언론을 통제하고 있어요. 중국은 당신의 브랜드를 하루만에 없앨 수도 있습니다. 그래서 미국 CEO들의 입엔 재갈이 물려 있어요. 심지어 미국 경영대학원 수업에서도 중국에 대해서 말조심해야 합니다. 한 경영대학원에선 교수들이 중국에 대해 잘못 이야기를 꺼냈다가 수업이 폐쇄된 적도 있습니다. 수업을 들은 중국 학생들이 불만을 터트렸거든요.

그는 미국 경제가 언제쯤 중국에 따라잡힐 것이냐는 질문에 "지금대로라면 10년 안에 확실한 2등이 될 것"이라고 말했다.

– 혁신의 중심인 미국이 그렇게 빨리 따라잡힐까요?

▶ 미국이 그나마 자랑해온 게 혁신이에요. 지난 100년간 핵심적 혁신자이긴 했어요. 그러나 지금은 사정이 다릅니다. 사람들은 아직도 '미국 예외주의(American exceptionalism)'를 주장합니다. 미국인은 특출나고 예외적이며 혁신적이고 새로운 비즈니스를 만들 것이라고 말입니다. 그러나 그건 말도 안 되는 인종주의적 발언입니다. 지금 미국 토종 기업보다 미국에 상주하는 해외 기업들이 훨씬 많은 특허를 출원하고 있습니다. 게다가 미국은 중국이 공산주의자라는 것을 잊었습니다.

그는 "중국은 수요를 거의 강제적으로 창출한 나라"라고 부연했다. "기본적으로 중국은 규모의 경제를 빨리 일으킵니다. 중국은 강력한 의사 결정으로 자본을 댈 수 있는 구조여서 우릴 혁신에서 압도합니다. 반면 미국 기업들은 시장에서 자연스럽게 수요가 발생할 때까지 기다립니다. 중국은 매우 전략적이에요. 누굴 선택하고 누굴 키워줄지에 대해 말입니다. 미국은 그런 전략이 없어요"라고 했다.

그는 현대 경영학의 창시자라는 피터 드러커와 만났던 일을 회상하면서 말을 이어갔다.

▶ 같이 저녁 식사를 한 적이 있는데, 그가 이렇게 말했어요. '만약 신이 당신을 파멸시키고 싶다면, 당신에게 25년의 성공을 보장해 줄 것이다'라고요. 25년간 성공하면 내 시스템이 최고라고 생각하게 됩니다. 하지만 '나는 다르다'고 여길 때 추락이 시작됩니다. 그게 지금 미국 사회의 현재 진행형 스토리입니다. 당신의 경쟁자가 당신을 무너뜨리기 전에 선수를 쳐라. 그 원칙을 따라야 돼요.

— 교수님은 미국을 노키아나 야후라고 비유했습니다. 그렇다면 중국은 뭘까요?

▶ 중국은 미래에 당연히 삼성이 되는 겁니다. 아니면 애플이나.

■ 미국, 한국에서 배워야

- 그렇다면 교수님의 대안은 무엇인가요?

▶ 세계경제에서 그 어떤 특정 자본주의 시스템이 오랫동안 똑같은 형태로 성공한 적은 없었어요. 중국은 관리식 자본주의, 사회자본주의, 자유방임주의의 여러 요소를 섞어 자신만의 자본주의를 만들었어요. 그러나 미국은 아직도 정부의 도움 없이 기업들이 경쟁해야 한다고 말하고 있습니다. 제가 말하려는 건 단순해요. 미국이 주장해온 자유방임주의는 무너졌고 불충분하다는 겁니다.

다베니 교수가 미국 자본주의의 대안으로 제시한 것이 바로 그의 책 제목이 된 '전략적 자본주의(Strategic Capitalism)'이다.

▶ 정부가 적극적으로 경쟁에 개입하고 관리해 국가 전체를 부자로 만드는 전략을 말합니다. 지금까지 유지해온 자유방임주의뿐만 아니라, 자본의 재분배를 중시하는 사회자본주의, 관리식 자본주의, 박애주의적 자본주의 등 4가지 자본주의를 모두 결합해야 한다는 겁니다.

- 미국 개혁의 첫걸음은 뭔가요?

▶ 먼저 기존 주주 자본주의 시스템을 개혁해야 합니다. 월스트리트 투자자들부터 통제해야 해요. 투자자들이 CEO들을 협박하는 일을 끝내야죠. 주주 입김을 통해 CEO들이 단기적 이익에만 집중할

수밖에 없는 구조를 없애야 하고요. 정부는 연구 개발을 하는 기업엔 파격적 혜택을 줘야 합니다. 법인세는 대폭 낮춰야 합니다. 미국에선 법인세가 39%나 되는데, 이 때문에 미국에서 기업을 안 하려고 하거든요. 반면 소득세, 저축률, 연구·개발비 투자는 늘려야 합니다.

그런데 그가 자유방임주의와 관리식 자본주의의 성공적 결합 모델로 제시한 나라 중 하나가 바로 한국이었다. "한국은 경제에서 불필요한 자유방임주의적 요소를 다 뺐어요. 지금 한국은 자유방임주의, 사회자본주의, 관리식 자본주의의 장점만 갖고 있습니다."

그는 미국이 한국 정부처럼 시대별로 산업을 집중적으로 육성하는 전략을 배워야 한다고 말했다. 그는 "한국이 주는 메시지는 한 가지 자본주의 시스템만 고집하는 것은 영원한 성공을 가져다주지 않는다는 점"이라고 말했다.

■ 미국은 중국에 빨려들고 있다

다베니 교수는 미국이 중국과 무역하는 양을 줄이고, 중국을 제외한 미국 중심 무역권을 만들어야 한다고 주장했다. 중국 의존도가 너무 높다는 이유에서다. "중국은 미국이 점점 자기 나라에 의존하도록 만들었어요. 그래서 미국은 중국에 빨려들고 있습니다."

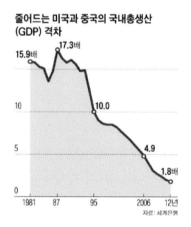

줄어드는 미국과 중국의 국내총생산 (GDP) 격차

15.9배 17.3배

10 10.0

5 4.9

1.8배

0
1981   87   95   2006 12년

자료: 세계은행

그는 또 중국에 진출한 기업들을 미국에 복귀시켜 자국 산업을 강화하는 게 급선무라고 덧붙였다. 그는 "중국에서 매출의 50% 이상을 거두는 기업은 더 이상 미국 기업이 아니다"고 말했다.

— 2020년까지 중국 등 해외시장에서 매출의 80%를 거두는 게 목표인 GE 같은 기업도 미국 기업이 아닙니까?

▶ 네 그렇습니다. 그 이상까지 말 못 하는 게, 제프리 이멀트 GE 회장이 다트머스대 출신이거든요(웃음). 앞으로 중국에 더 의존하는 GE는 안정성, 자유 같은 원칙을 점점 잃을 수 있습니다.

— 교수님은 중국 국영기업들이 국익을 위해 존재한다고 하셨는데, 중국 경제성장의 발목을 잡는 건 비효율적 국영기업이라는 지적도 많습니다.

▶ 순수한 이익 극대화 측면에선 최악일 겁니다. 하지만 중국정부는 이익을 극대화하는 용도로 국영기업을 활용하지 않죠. 그건 미국이 오해하는 가장 근본적인 문제예요. 국영기업은 철저히 국가의 훨씬 큰 수단으로 쓰이는 존재예요. 그런 측면에서 저는 미국 기업이 달라져야 한다고 강조하는 겁니다. 미국 기업에 뭔가 국가에 기여하라고 하면, 그들은 그냥 미국을 떠나버릴 겁니다.

— 중국을 제외한 무역권을 만들자고 하셨는데, 거기 참여할 나라가 있을까요?

▶ 당장은 쉽지 않을 겁니다. 하지만 중국이 점점 우월주의적 목소리를 내기 시작하면 생각을 달리할 수밖에 없을 겁니다.

– 미국 중심으로 동맹국들이 뭉치면 새로운 냉전이 벌어지는 것 아닐까요?

▶ 많은 나라가 조만간 결정을 내려야 한다고 봅니다. 미국이 중국에 완전히 힘을 빼앗기기 전에 말입니다.

부록 8. 거품과 투기의 단계

거품과 투기의 단계²⁹⁾

1) 시작단계: '튼튼한 펀더멘털'에서 출발(신제품·신기술이 쏟아지고, 기업 이익이 급증할 때)

---

29) 출처: ≪중앙sunday≫, 2007년 11월 18일자 기사 내용

2) 관심단계: 돈 벌었다는 기사가 언론에 나오기 시작

3) 전염단계: 모방심리의 확대(빚을 내서 주식을 사고, 아줌마 부대 등장). '남들이 크게 벌었다는데 나라고 못할쏘냐'는 추격심리가 발동

4) 흥분단계: 욕망으로 급해진 투자자들은 단기수익을 극대화 하는 경향. '이번엔 다르다'는 믿음이 대중을 지배

5) 광기단계: 가격 변동성이 높아지는데도 군중심리는 극대화

6) 패닉단계: 상승할 때 숨었던 악재들이 터짐. 대중은 "난 장기투자자"라고 위안하면서도 결국엔 상품을 처분. 공포확산

[참고사항] 경제학자 **마크 손튼**의 **발기지수**(erection index)
"그 나라에서 세계 최고층 건물이 지어질 때 경제가 위기에 닥친다."

부록 9. IBM 100년 장수비결

M&A 통해 신성장사업 이식,
생사기로 때마다 끝없이 변신[30]

미국 추수감사절 연휴가 끝난 아침부터 뉴욕 월가는 흥분하기 시작했다. 그 전주까지만 해도 미국 증시는 유로존 재정위기 때문에 바닥을 모른 채 추락하던 시기였다. 그러나 이날 뉴욕증시에서 다우지수는 2% 이상 급등했다. 미국 최대 쇼핑시즌인 추수감사절 연휴에 소비가 전년 대비 16%나 늘어난 것과 관련해 투자자들이 경기를 낙관했다는 방증이다. '사이버먼데이'인 이날 온라인 매출도 33%나 늘어났다. 매출 정보를 바로 보고 흥분할 수 있었던 것은 이 같은 정

---

30) 출처: ≪한국경제신문≫, 2011년 12월 3일, 4일자 기사 내용

보가 신속하게 전달됐기 때문에 가능했다.

거의 실시간으로 쇼핑 동향 정보를 제공한 곳 중 하나가 바로 정보분석회사 코어메트릭스. 이 회사는 블랙프라이데이 연휴기간 중 온라인 판매 동향에 대한 실시간 정보를 수집하고 분석을 제공해 증권시장에도 영향을 줬다. 하지만 코어메트릭스가 정보기술(IT) 기업의 대명사인 IBM 계열 회사라는 것을 아는 이는 많지 않다. IBM은 지난해 6월 이 회사를 인수했다.

코어메트릭스 인수는 IBM의 최근 경영전략을 단적으로 보여주는 사례다. IBM은 과거 한때 천공카드 시스템이 전체 매출에서 가장 큰 비중을 차지하던 때도 있을 정도로 제조업으로 성장한 회사였다. 세계 최초로 계산기나 개인용 컴퓨터를 만들면서 제조업체로 인식되던 IBM이 확 달라졌다. 이제 제조업체가 아닌 정보를 분석하고 가공하는 IT업체로 탈바꿈했다. 기업이나 정부기관을 상대로 컨설팅 서비스도 제공하고 있다. 기업들의 사업에 필요한 각종 소프트웨어는 물론 시스템도 제공한다.

사내외 관계자들은 IBM이 100년간 정보기술 기업으로 장수하고 있는 것은 바로 이같이 끊임없이 변신하며 혁신을 주도해왔기에 가능했다고 분석한다.

IBM은 기업 존폐의 기로 때마다 변신을 추구했다. 필요할 때 적절한 사업에 진출해 기업의 핵심 역량을 키워나가는 것이다. 이른바 '트랜스포메이션(변신)'의 귀재인 셈이다.

1990년대 초반 중국과 미국 내 다른 경쟁사의 저가 범용 PC에 밀릴 때도 변신을 택했다. '소방수'를 외부에서 수혈한 게 첫 번째 처방전이었다. 회사 내부 시각이 아닌 외부 시각에서 대수술에 나서기 위한 전략이었다.

IBM 주주들은 컨설턴트 출신인 루이스 거스너에게 긴급히 'SOS'를 쳤다. 거스너는 회장으로 취임한 직후 수익이 덜 나는 사업부를 축소하고 새로운 성장사업을 이식했다. 제조업 회사를 서비스 업체로 바꾸는 대장정을 시작한 셈이다. 거스너에 이어 등장한 샘 팔미사노 현 회장이 IBM의 변신을 완성한다.

IBM 전·현직 두 회장이 추진한 변신 수단은 인수·합병(M&A)이었다. 지난 10년 동안 인수한 소프트웨어 업체만 70여 개에 달한다. 그만큼 IBM은 다른 조직과 융합할 수 있는 준비가 되어 있는 회사였다. 특히 회사 리더나 직원들이 변화를 받아들일자세가 되어 있었다.

IBM에서 26년을 근무한 마크 로텐바흐 IBM 글로벌비즈니스서비스(GBS) 북미 총괄대표는 "IBM은 변화를 두려워하지 않는 진취적인 리더와 인재들이 많았던 게 큰 축복이었다"고 회고했다.

매출 비중을 보면 IBM의 변신은 확연히 드러난다. 지난해 총매출액 999억 달러 중 서비스 부문이 564억 달러(56.5%)로 전체 절반을 넘고 있다. 소프트웨어가 225억 달러(22.5%), 10년 전만 해도 주력이었던 하드웨어는 180억 달러로 18.1%에 그쳤다.

이익을 보면 IBM이 어떤 회사인지 더 명확해진다. 지난해 세전이익 기준으로 소프트웨어 부문(44%)과 서비스부문(39%)이 전체의 83%를 차지했다. 하드웨어는 8%에 머물렀다.

10년 전 IBM의 하드웨어 이익은 전체에서 24%로 소프트웨어 이익(25%)과 비슷했다. 하지만 지금은 하드웨어 사업 비중이 매출에서는 물론 이익에서도 그저 구색 맞추는 사업부로 전락했다.

100년 전 설립된 미국 맨해튼에 있는 IBM 본사

김재문 LG경제연구원 연구위원 역시 "최근 들어 IBM이 PC사업을 접고 소프트웨어·컨설팅 업체로 탈바꿈했지만 이러한 비즈니스 환경에 대한 발 빠른 적응력은 예전부터 보여줬던 것"이라며 "최고 경영자들의 외부 지향적 마인드가 IBM의 전통적인 성공 DNA"라고 말했다.

투자의 귀재 워런 버핏이 올해 IBM에 107억 달러(약 11조 원)를 투자한 것은 바로 이런 변신과 관련이 있다. IT업종에는 투자하지 않던 워런 버핏이 IBM에 거액을 투자한 것은 IBM의 잠재력에 주목했다는 것이다. 과거 거품 논란에 IT업종은 거들떠보지도 않던 버핏이지만 IBM의 혁신에 투자하고 있는 것이다.

■ IBM 끊임없이 변신하면서도 100년을 지켜온 '3대 핵심가치'

고객에 대한 충성
Dedication to every client's success

회사·세계위한 혁신
Innovation that matters - for our company and for the world

모든 관계의 신뢰·책임
Trust and personal responsibility in all relationship

2002년 IBM은 회사 100년 역사상 큰 획을 긋는 '사건'을 단행한다. 바로 미국 회계법인인 프라이스워터하우스쿠퍼스(PwC) 컨설팅사업부를 인수한 것이다.

IBM은 PwC 컨설팅사업부를 통합한 뒤 새로운 회사로 변신을 거듭했다. 제조업체에서 서비스업체로 확실하게 변신하는 데 필수였던 비즈니스 컨설팅사업에 진출했다. 덕분에 IBM 서비스 부문은 캐시카우로서 역할을 톡톡히 해내고 있다. 지난해 세전이익 21억 달러 중 8억 달러나 기여했다. 이 때문에 PwC 컨설팅사업부 인수는 IBM 역사상 최대 히트 전략으로 꼽힌다.

IBM이 100년 동안 살아남으면서 세계 최고 경쟁력을 보유한 비결은 바로 변신이다. 이를 위해 돈이 될 만한 기업은 모두 인수했다. 제품 포트폴리오도 넓히는 동시에 외부 우수 인재들도 끌어들였다. IBM이 지난 10년 동안 인수한 기업은 모두 70여 개에 달한다. 15년 이상 거슬러 올라가면 100여 개에 이른다.

IBM 최대 수익원인 소프트웨어 부문도 인수·합병(M&A)을 통해 큰 사업부다. IBM은 해마다 7~8개 기업을 인수하면서 사업 영역을 넓혀갔다.

마크 로텐바흐 IBM 글로벌비즈니스서비스(GBS) 북미대표는 "지난 10년 동안 인수한 기업들이 IBM의 사업 구조를 근본적으로 바꾸는 기초가 됐다"고 말했다. IBM은 앞으로도 기업가치를 높일 수 있는 기업을 인수할 예정이다. 이를 위해 5년 동안 200억 달러를 M&A용으로 쓸 예정이다.

IBM의 변신을 위한 수단은 인수·합병만이 아니다. 과감한 '파괴'도 중요한 요인이다.

IBM은 1911년 기계식 출퇴근 도장인 천공카드 시스템을 개발한 회사를 비롯해 3개 회사가 통합되면서 탄생한 기업이다. 처음에는 회사명을 CTR로 썼지만 이후 1924년 IBM으로 이름을 바꾼 뒤 1980년대 중반까지 성장가도를 달렸다. 이후 IBM은 경영 악화와 생산성 하락으로 경영난을 겪게 된다. 1990년 초반 3년 동안 누적적자가 150억 달러에 달하면서 존폐기로에 놓이기도 했다.

하지만 IBM은 1993년 루이스 거스너라는 맥킨지 출신 컨설턴트를 CEO로 영입하면서 기업 구조조정에 착수했다. 주력 사업군을 제조업에서 서비스업으로 전환하기 시작한 것이다.

거스너는 CEO 재임 기간 중 PwC 컨설팅사업부를 인수했지만 취임 첫해 자산을 56억 달러나 줄였다. 그만큼 기업가치에 도움을 주지 않는 사업을 과감히 폐쇄했다. 직원도 취임 첫해 4만 5,000명을 해고했다. 덕분에 1년 만에 3년 동안 이어졌던 적자 행진을 멈추고 흑자로 돌아섰다.

샘 팔미사노 현 CEO도 마찬가지다. 그는 IBM과 PwC 컨설팅사업부의 시너지 효과를 유도하면서도 2005년에는 주요 사업부 중 하나였던 PC사업부를 중국 레노버에 매각했다. 중국 저가 제품의 범람으로 PC가 범용제품으로 전락했기 때문이다.

성장성이 의심되는 사업부를 과감히 포기하는 결단은 IBM 부활의 원동력 중 하나가 된 셈이다.

IBM의 또 다른 파괴는 기업 운영을 세계화한 것이다. 가능한 값싼 인력을 외부에서 아웃소싱하는 정책을 펼쳤다. 고객 콜센터는 필리핀에 두고 엔지니어들을 인도에서 아웃소싱하는 운영의 세계화를 실현하는 선두주자로 나섰다.

IBM의 변신 이면에는 연구개발(R&D)이 일등공신으로 꼽힌다. 세계 최초 제품들을 잇달아 내놓을 수 있었던 것도 R&D 덕분이다. 팔미사노 CEO도 지난 8월 미국 캘리포니아 컴퓨터 역사박물관 연설에서 "IBM은 창립 초기부터 R&D를 중요하게 여겼고 이를 기반으로 특허를 많이 얻었다"며 "IBM이 100년 넘게 장수한 비결은 적절한 R&D 투자"라고 강조했다.

IBM은 최근 매년 60억 달러를 R&D에 투자했다. 그동안 투자한 금액은 모두 1,500억 달러에 달한다. 그 결과 특허 7만 5,000개를 얻었다. 지난해 미국에서 특허 5,896건을 취득하면서 18년 연속 최다 특허출원 회사로 기록됐다. 지난해 취득한 특허건수는 HP의 4배에 달하며 마이크로소프트 HP 오라클 구글 EMC 등 기업들의 특허를 모두 합친 것보다 많다. 이는 미국 46개 주, 전 세계 29개국에서 근무하는 약 3,000여 명에 달하는 연구원들이 있었기 때문이다. 노벨상 수상자도 5명이나 배출했다.

덕분에 IBM에 최대 이익을 주는 사업부인 소프트웨어 부문은 발전을 거듭하고 있다. 인공지능형 슈퍼컴퓨터 왓슨의 탄생도 이 같은 R&D 투자에 대한 노력에서 비롯된다.

외부에서는 IBM의 장수 비결을 끊임없는 변신으로 꼽지만 내부적으로는 100년 동안 변하지 않은 회사의 핵심가치라고 주장한다. 그 핵심가치는 고객에 대한 충성, 회사와 세계를 위한 혁신, 모든 관계에서 신뢰와 책임 등 3가지다. 이 3가지 핵심가치를 지키면서 변신을 거듭한 결과 100년 장수로 귀결됐다는 얘기다.

■ IBM 만들었다 하면 세계 최초

1961년. 셀렉트릭 타자기

1985년. M형 키보드

1981년. 가정용 컴퓨터

2007년. 슈퍼컴퓨터 왓슨

부록 10. 직원의 긍정 마인드=資本[31]

"희망·자신감·현실적 낙관주의로 회사에 에너지를 불어넣게 하라"

① 희망을 품게 하라 − 목표 달성 의지력에 진행력 더해 만들어져
② 자신감을 갖게 하라 − 눈앞에 놓인 과제 수행, 뛰어들도록 이끌어내는 힘
③ 현실적 낙관주의 − 낙관적 시각을 유지하면서 현실 문제 인식하는 것

▲ 일러스트: 정인성 기자

■ 딜레마

"적자 날 것 같다던데 이러다 월급도 안 나오는 거 아냐?" "난 회사만 나오면 우울해져." 우연히 직원들의 대화를 엿들은 나긍정 사장은 복장이 터진다. 평소에 긍정 마인드를 가지라고 그렇게 강조하고, 단합대회도 자주 가졌건만, 직원들의 표정이나

---

31) 출처: ≪조선일보≫, 2013년 12월 10일자 기사 내용

행동에서 밝은 면이라곤 찾기 어렵다. 뭐가 잘못된 걸까?

■ 해결책

경영자들은 직원들이 긍정적인 마음을 갖게 하기 위해 노력하지만 기대한 성과를 거두지 못하는데, 이유는 그 방법이 모호하기 때문이다. 직원들에게 긍정 마인드를 심어주는 구체적인 방법은 프레드 루탄스 네브래스카 대학교수의 '긍정 심리자본'에서 힌트를 얻을 수 있다. 긍정 심리자본이란 '마음속에 긍정적인 심리가 개발된 상태'를 말한다. 긍정적인 심리상태도 돈이나 물자 같은 자본이 된다는 것이다. 직원들에게 긍정의 에너지를 만들어내는 대표적인 긍정 심리자본은 희망과 자신감, 현실적 낙관주의가 있다.

먼저, '희망은 한 지점에서 다른 지점으로 옮겨가게 하는 힘'이라고 정의한 릭 스나이더 교수는 목표를 달성하려는 '의지력(willpower)'에 목표 달성 방법에 대한 확신인 '진행력(waypower)'이 더해져 희망이 만들어진다고 했다. '의지력'을 키우려면 목표가 필요한데, 이를 위해서는 자신이 진정으로 원하는 것이 무엇인지부터 확인해야 한다.

미국의 보험 판매왕 폴 마이어는 실적이 낮은 보험 세일즈맨들에게 각자의 꿈을 직접 쓰고 붙여놓게 한 것만으로도 18개월 만에 실적을 1,200%나 성장시켰다. '진행력'을 키워주기 위해서는 목표를 달성해나가는 과정에서 부딪칠 장애물을 미리 상상해보고 뛰어넘는 과정을 마음속으로 연습해보는 것이 효과적이다. 2008년 금융 위기가 닥쳤을 때 듀폰 CEO 채드 홀리데이는 전 직원에게 위기의 원인은 무엇이고, 어떤 영향을 미칠지, 회사의 대책은 무엇인지를 이해

시켜 마음을 다잡게 해 위기를 극복해냈다.

첫째 요소인 '희망'이 현 지점에서 멀리 떨어진 것을 끌어당기는 힘이라고 한다면, 둘째 요소인 '자신감'은 눈앞에 놓인 과제의 수행에 뛰어들도록 이끌어내는 힘이다. 자신감은 작은 성공이라도 직접 맛보게 하는 방법으로 심어줄 수 있다. 1930년대 경기 침체가 왔을 때 마쓰시타 고노스케는 생산 목표를 절반으로 줄이고, 재고 처리에만 집중하도록 독려했다. 불과 두 달 만에 재고를 모두 처리하는 데 성공한 직원들은 자신감이 생겼고, 이후 작은 위기 타개책들을 세운 뒤 하나씩 성공시켜 불황을 이겨내고 세계적인 기업으로 성장했다. 또 타인의 성공을 지켜보는 간접경험과 '할 수 있다'는 격려도 자신감 상승에 도움이 된다.

셋째로 '현실적 낙관주의'란 낙관적 시각을 유지하면서도 현실의 문제와 부정적인 면을 정확히 인식하는 것을 말한다. 낙관주의자는 '물이 반이나 차있다'고 하고, 비관주의자는 '물이 반밖에 안 남았다'고 한다. 현실적 낙관주의는 '물이 반 담겨 있고 반은 비어 있다'는 현실을 그대로 받아들이면서도 '반이나 차있다'라고 긍정적으로 해석한다. 현실적 어려움과 문제는 많지만, 결국에는 잘 해결되고 목표를 달성할 것이라는 믿음을 유지하는 것이다. 긍정 심리학의 창시자인 마틴 셀리그먼 교수는 주변 사건을 긍정적으로 해석하는 훈련을 통해 낙관주의를 키울 수 있다고 했다. 안 좋은 일이 벌어졌을 때 이는 자기 탓이 아니라 환경 탓이며, 모든 일이 아닌 이 경우에만 벌어지는 특수한 사례로 국한하고, 앞으로는 또 반복되지 않을 것이라고 해석하도록 훈련하는 것이다. '잘되면 내 탓, 못되면 조상 탓'의 해석 훈련이 의외로 낙관주의를 키우는 데는 도움이 되는 셈이다.

부록 11. 경제협정들

경제협정들 뭐가 다를까[32)]

韓-美는 FTA 서명, 인도와 CEPA 체결, 중국-대만은 ECFA

FTA(Free Trade Agreement), CEPA(Comprehensive Economic Partnership Agreement), ECFA(Economic Cooperation Framework Agreement) 중에서 가장 개방 정도가 높은 것은 FTA다. CEPA도 사실상 FTA와 다를 것이 없지만 일반적으로 신흥국들이 선호하다

---

32) 출처: ≪매일경제신문≫, 2010년 7월 3일자 기사 내용 발췌

보니 관세양허 수준 등은 FTA에 비해 낮다.

일례로 한국은 통상 FTA에서 90% 이상 관세양허 수준의 개방을 해왔지만 인도와의 CEPA는 85%에 그쳤다. ECFA는 FTA를 구성하는 기본협정, 상품, 서비스, 투자, 지적재산권 등 기타 중 기본협정에만 서명한 것이다. 민감한 품목은 나중으로 미뤄놓는 식이니 개방 정도는 FTA, CEPA에 비해 낮다.

"해협양안관계협회와 재단법인 해협교류기금회는 호혜평등과 점진적 추진 원칙에 입각하여 해협양안 경제무역 관계를 강화하는 데 뜻을 같이 한다."

중국과 대만이 체결한 경제협력기본협정(ECFA) 서문의 첫 문장이다. 중국과 대만이 주체가 아니다. 자국법상 상대국을 인정하지 않는 중국과 대만이 상대 나라와 조약을 체결할 수 없는 처지이기 때문이다. 이 때문에 중국은 해협양안관계협회를, 대만은 해협교류기금회를 통한 협정 체결이라는 방식을 택한 것. 나라끼리 체결하는 것이 아닐까 싶지만 세계무역기구(WTO) 규정에는 독립관세 주체(separate customs territory)로 되어 있다.

이미 중국은 '일국양제(一國兩制)'로 운영되는 홍콩, 마카오와 각각 '포괄적 경제동반자 협정(CEPA)'을 체결한 전례가 있다.

같은 나라 안에서 또 서로 국가로 인정하지도 않는 나라와 CEPA, ECFA까지 체결한 배경에는 경제만 고려된 것은 아니다.

하나의 중국이라는 중화주의의 정책적 판단이 깔려 있다.

■ FTA는 경제 때문? 정치적 목적도 크다

자유무역협정(FTA)을 경제적 목적 외에 정치적 차원에서 접근하는 것은 비단 중국만의 일이 아니다. 미국을 비롯한 많은 국가가 FTA를 경제적인 이유 외에 정치적 목적으로도 활용하고 있다. 현재 미국은 개별 국가로는 호주, 바레인, 칠레, 이스라엘, 요르단, 모로코, 싱가포르, 오만, 페루 등 9개 국가와 FTA를 체결했다.

지역공동체로는 북미자유무역협정(NAFTA)을 통해 캐나다, 멕시코와 협정을 체결했다. 또 중미·미국 간 자유무역협정(CAFTA-DR)을 통해서는 코스타리카, 도미니카공화국, 엘살바도르, 과테말라, 온두라스, 니카라과 등과 묶여 있다. 이외에도 한국, 콜롬비아, 파나마 3개국과는 서명 후 비준을 기다리는 상황이다.

국제통상 전문가들은 이 중 미국에 경제적으로 도움이 되는 것은 NAFTA, 호주, 한국뿐이라고 설명한다. 나머지 국가들은 정치적 목적이 더 크다는 것. 중동지역의 이스라엘, 요르단, 모로코는 물론 아프리카(오만), 중미(CAFTA-DR) 등은 모두 '필요'에 기인한 것이란 설명이다.

현재 추진 중인 한·중·일 FTA 역시 동북아시아 지역 국가들의 정치적 통합 목적도 다분히 포함되어 있다.

■ ECFA 빼면 이름만 다를 뿐 큰 차이 없어

FTA를 얘기할 때면 다양한 약자가 등장한다.

중국이 대만과 체결한 것은 ECFA다. 우리 역시 이를 아세안과

FTA 체결 당시에 사용한 적이 있다. 또 한국이 인도와 체결한 FTA 는 CEPA란 명칭을 쓰고 있다. 또 사실상 협상이 중단된 일본과는 경제동반자협정(EPA · Economic Partnership Agreement)이란 용어 를 쓰고 있다. 결론부터 말하자면 ECFA를 제외한 나머지 용어들은 사실상 큰 차이가 없다.

다만 협정을 체결하는 국가 내부에서 발생할 수 있는 FTA에 대 한 거부감을 줄이기 위해 CEPA, EPA 등의 용어를 사용한다. 다만 한 가지 특징이 있다. CEPA란 용어를 선진국 간 협정에서는 쓰지 않는다는 점이다. 대부분 한쪽 국가 이상이 개발도상국인 경우에 주 로 CEPA란 용어를 쓴다. 선진국 중에서는 유일하게 일본만이 EPA 란 용어를 사용한다.

중국과 대만이 체결한 ECFA는 조금 성격이 다르다. ECFA에서 가장 중요한 것은 'FA(Framework Agreement)'다. ECFA는 FTA 체결 등에 앞서서 양측 간 협상의 큰 틀을 일단 정하고 세부적인 논 의는 나중에 한다는 것이다. 관세 양허 기간과 양허율에 대해 WTO 는 '합리적인(reasonable) 기간 안에 실질적인(substantive) 관세 인 하'를 규정하고 있다. 이에 대해 일반적으로 발효 후 10년 안에 90% 수준의 관세 양허라고 해석하고 있다. 이러한 제약이 부담스러운 경 우에 취할 수 있는 방법이 중국과 대만이 취한 'FA' 형태다.

우선 관세를 철폐할 수 있는 부분부터 '조기 수확 프로그램'을 가 동하고 나머지 분야는 나중에 논의해나가는 식이다. 그만큼 개방 수 준은 FTA에 비해 떨어진다. 우리나라는 아세안과 FTA 체결 시 FA 를 활용했다. 당시 아세안과 FA, 분쟁해결제도 협정문, 상품무역협 정문, 서비스무역협정문, 투자협정문을 체결했고 이를 모두 합한 것이 한·아세안 FTA였다.

■ 출발 늦었지만 한국은 FTA 우등생

■ 한국 FTA 현황

국가	서명	발효
칠레	2003년 2월	2004년 4월
싱가포르	2005년 8월	2006년 3월
EFTA	2005년 12월	2006년 9월
미국	2007년 6월	
ASEAN	2009년 6월	2009년 9월
인도	2009년 8월	2010년 1월
EU	2009년 10월	
진행 중	GCC(6개국), 페루, 호주, 뉴질랜드, 콜롬비아, 터키	
준비 중	중국, 한·중·일, SACU, 메르코수르, 러시아, 이스라엘, 멕시코	
사실상 중단	일본, 캐나다	

*EFTA는 유럽자유무역연합(아이슬란드, 리히텐슈타인, 노르웨이, 스위스),
ASEAN은 최초 서명일 기준. 자료=KITA

2000년 기준으로 150여 개 WTO 회원국 중에서 FTA를 한 건도 맺지 않은 나라는 단 두 나라뿐이었다. 주인공은 한국과 몽골이었다. 몽골은 지금까지도 FTA를 체결한 국가가 없다. 아무리 10년 전이라고 하더라도 한국의 교역 규모를 생각하면 사실상 FTA에선 '지진아'였던 셈이다. 그만큼 우리 기업들이 해외시장에서 외국 경쟁사들에 비해 열세에 놓일 수밖에 없었다.

위기감을 느낀 정부가 적극적으로 FTA 체결에 나서기로 했지만 경험이 부족해 예행연습이 필요했다. 이를 위해 택한 것이 칠레였다. FTA 체결 숫자로 보자면 우등생 반열에 든 국가라 경험이 많은 데다 우리와 민감한 부분이 많지 않다는 판단에서였다.

늦게 시작했지만 한국의 '학습능력'은 뛰어났다. 칠레와의 FTA를 계기로 한국은 싱가포르, 유럽자유무역연합(아이슬란드, 리히텐슈타인, 노르웨이, 스위스, EFTA), 아세안, 미국, 인도, EU 등과 서명하면서 10년 만에 우등생 반열에 올라서게 된다.

현재 한국은 5건의 협정을 통해 16개 국가와 FTA를 발효했다. 비준을 기다리는 협정은 2건, 28개국(미국과 EU)이며 협상 진행과 협상 준비·공동 연구는 각각 8건(13개국), 7건(13개국)이다. 정부 예상대로 한·중, 한·중·일 등이 5년 안에 체결된다면 한국 교역량 중 80% 이상이 FTA 적용을 받는다.

■ FTA 많은 나라가 '甲'··· 러브콜 공세

그만큼 한국의 몸값도 높아지고 있다. 이미 한국과 FTA를 체결한 국가가 많아지면서 미체결 국가들은 자국 기업이 한국 시장에서 동등한 경쟁을 할 수 있도록 FTA 러브콜을 보내고 있기 때문이다.

FTA 시장에서는 다다익선이란 표현이 나올 정도다. 예를 들어보자. 한국과 칠레 FTA 협정 이후 칠레산 와인에 대한 관세(15%)가 줄었다. 그만큼 한국 안에서 판매가 늘었고 또 부수적으로 칠레산 와인 브랜드들의 지명도 역시 높아지는 효과를 얻었다. 이 영향으로 유럽, 호주 등 와인 업체들이 자국 정부에 한국과의 FTA 추진을 요청하기도 했다. 반대로 우리가 피해를 입는 경우도 적지 않다. 멕시코가 일본과 FTA를 체결하면서 FTA를 체결하지 않은 국가에서 온 수입산 타이어에 대해서는 관세를 상향 조정했다. 당장 관세가 올라가면서 당시 멕시코로 타이어를 싣고 향하던 컨테이너선이 다시 한국으로 회항해야 하는 일이 벌어지기도 했다. FTA를 많은 국가와 체결한 나라일수록 더 몸값이 높아지고 '갑'의 위치에 설 수 있게 됨을 단적으로 보여주는 것이다. 멕시코는 우리 정부의 줄기찬 요청에도 미온적인 태도를 보이고 있다.

최근 이명박 대통령의 중미 순방 기간의 뉴스를 보면 이러한 차이를 극명하게 볼 수 있다. 순방 기간에 이 대통령은 현지 언론과의 인터뷰를 통해 멕시코와의 FTA 체결을 촉구했다. 멕시코 시장에서 타이어 등 많은 한국 제품의 경쟁력이 낮아진 상황에서 이미 많은 FTA를 체결한 멕시코가 미온적인 태도를 보이기 때문이다. 이에 비해 중미지역 다른 국가들은 역으로 한국에 FTA 체결을 적극적으로 요청해왔다.

■ 똑똑한 FTA는 인도… 건수론 멕시코·칠레 최다

FTA 체결에 있어서 똑똑한 나라는 어디일까. 단순히 체결 건수로 따지자면 멕시코와 칠레다.

협상 내용을 따지는 통상 전문가들은 인도를 꼽는다. 영어에 익숙하다는 점과 일찍부터 서구 국가들과 교류를 통해 협상의 기술을 잘 터득하고 있기 때문이다. 그만큼 여러 가지 '우회로'를 잘 알고 있다. 대표적인 사례가 인도가 아세안과 맺은 CEPA다.

당시 개방 수준을 높이고 싶지 않았던 인도에서는 원산지 규정을 활용해 FTA를 체결하면서도 개방 수준을 낮췄다.

일반적으로 교역협정에서는 원산지 증명이 매우 민감한 문제로

△HS코드 △부가세 △핵심 공정 중 한 가지를 기준으로 택한다. 가령 수출품의 부가가치 중 40% 이상이 발생한 곳을 원산지로 규정하는 식이다. 그러나 인도는 아세안과 CEPA 협정 당시 부가세와 HS코드 두 가지에서 기준을 모두 충족시켜야 한다고 정했다. FTA 경험이 많지 않던 아세안은 큰 차이가 없을 것이라고 생각해 덜컥 이를 받아들였다. 그러나 원산지 규정이 워낙 까다로운 탓에 인도와 아세안의 CEPA는 활용도가 매우 떨어지게 됐다.

인도는 한국과의 CEPA에서 '최첨단 협정'을 체결했다. 상품과 서비스, 투자 교역을 넘어 다양한 내용을 포함하고 있다. 양국의 공동 제작 영화, 방송 프로그램, 게임, 애니메이션 등이 양국에서 국내 제작물로 인정받도록 하는 내용까지 포함됐을 정도다.

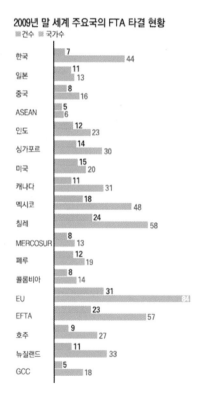

2009년 말 세계 주요국의 FTA 타결 현황
■ 건수 ■ 국가수

국가	건수	국가수
한국	7	44
일본	11	13
중국	8	16
ASEAN	5	6
인도	12	23
싱가포르	14	30
미국	15	20
캐나다	11	31
멕시코	18	48
칠레	24	58
MERCOSUR	8	13
페루	12	19
콜롬비아	8	14
EU	31	84
EFTA	23	57
호주	9	27
뉴질랜드	11	33
GCC	5	18

이에 비해 FTA에서 뒤처진 국가는 일본이다. 우선 개방에 대한 부담감으로 FTA란 용어도 잘 쓰지 않는다. 동남아를 중심으로 협정을 체결해온 특징도 있지만 이들 국가를 제외하면 현재 페루, 멕시코, 스위스 등이 일본과 EPA를 맺은 나라의 전부다. 이는 무엇보다 일본의 느린 의사결정과 국산품을 애용하는 1억 2,000만 명의

일본 국민이 비관세 장벽으로 작용한다는 염려 때문이었다.

　일본 역시 최근에는 FTA 체결에서 뒤처진다고 불안해하고 있다. 협상이 중단됐던 한국과도 협상 재개를 위한 논의를 시작하자고 말하는 것도 이러한 불안감이 반영된 결과다. 그러나 수입품에 인색한 일본 소비자들의 악명 높은 '비관세 장벽'으로 인해 FTA 체결은 잘 이뤄지지 않고 있다.

찾아보기

● 국문색인

● **영문색인**

임태순 ―――――――――――――――――――――――――――――

미국, Long Island University, MBA
미국, University of Wisconsin-Madison, ABD
인하대학교 경영학 박사
경영지도사 시험출제위원
서울사이버대학교 학생지원처장 역임
서울사이버대학교 경영학과장 역임
서울사이버대학교 금융보험학과장 역임
현) 한국경영사학회 이사
    한몽경상학회 부회장
    행복한부자학회 편집위원
    서울사이버대학교 금융보험학과 교수

『핵심 재무관리』(공저, 2014)
『경영학의 이해』(2012)
『재무관리의 이해(제3판)』(공저, 2012)
『행복이 머무는 강화이야기』(2012)
『주식시장과 투자』(2011)
『기업윤리』(2011)
『재무관리』(2011)
『행복한 생활경영』(2010)
『핵심재테크』(2010)
『리스크와 재무설계』(공저, 2008)
『인하연에 핀 연꽃』(공저, 2008)
『현대경영학의 개관』(공저, 2006)

국제기업
재무전략

초판인쇄   2014년 6월 11일
초판발행   2014년 6월 11일

지은이   임태순
펴낸이   채종준
펴낸곳   한국학술정보㈜
주소   경기도 파주시 회동길 230(문발동)
전화   031) 908-3181(대표)
팩스   031) 908-3189
홈페이지   http://ebook.kstudy.com
전자우편   출판사업부   publish@kstudy.com
등록   제일산-115호(2000. 6. 19)

ISBN   978-89-268-6259-9 93320